AF305845

TARIF

DES

DROITS DE DOUANE

ET

DE NAVIGATION MARITIME,

ET ÉTAT DES PROHIBITIONS A L'ENTRÉE ET A LA SORTIE ;

Suivi d'observations sur tout ce qui a rapport à ces perceptions et prohibitions; aux entrepôts et transit; au droit de fabrication sur le tabac ; à celui de garantie, et à la taxe sur les sels :

Terminé par le tableau des produits en 1791 et années subséquentes.

A PARIS,

Chez Antoine BAILLEUL, au bureau du *Journal du Commerce*, rue Helvétius, n°. 71.

JUIN. — 1806.

TABLE DES MATIÈRES.

IMPORTATIONS DE L'ÉTRANGER.

EXPORTATIONS.

DENRÉES COLONIALES.

ARTICLES COMMUNS A L'ENTRÉE ET A LA SORTIE.

ENTREPOTS.

TARIF DES DOUANES DE L'EMPIRE FRANÇAIS.

DROITS D'ENTRÉE, *et quotité de ces droits, non compris le décime par franc.*

Nota. Quand il n'est point énoncé que le droit sera perçu à la valeur, au nombre, à la mesure ou à la livre, il est dû au quintal décimal, composé de dix myriagrammes, qui font 204 livres ancien poids, ou cent kilogrammes.

Par *livre*, on doit entendre une livre métrique, et par *once*, une once métrique ou un hectogramme.

Le droit est dû au brut, si le mot *net* n'est point exprimé.

On cite le titre de la perception pour les articles dont la quotité du droit diffère de celle fixée par le tarif du 15 mars 1791.

La lettre (B) indique les marchandises qui, d'après la loi du 24 nivose an 5, paient, au choix du redevable, 15 centimes par 100 francs de valeur, ou 51 centimes par quintal décimal.

Les objets tirés à *neant* sont absolument exempts de droits.

A.

	fr.	c.	
Absynthe, (extrait d') (*Lettre du 5 thermidor an 12.*) (Comme liqueur.)			
Absynthe, herbe		51	
Acacia, drogue	12	24	
Acaja, ou Prunes de Montbain.	2	4	
Acajou, (noix d')	3	6	
Acier non ouvré, et acier fondu. (*Loi du 30 avril 1806.*)	9		
Acier en feuilles ou en planches. (*Loi du 1er. août 1792.*)	10 p. 0/0 de la valeur.		
Acier autrement ouvré. (Voy. Ouvrages)			
Acorus vrai ou faux	3	6	
Æs-ustum ou Cuivre brûlé	3	6	
Agaric, autre que celui ci-après	8	16	
Agaric entrochique	15	30	
Agnus-castus, (graine d')	4	8	
Agraffes de fer. (*Lettre du 13 brumaire an 6*), comme omis au tarif	10 p. 0/0 de la valeur.		
Agrès ou Apparaux de navires.	10 p. 0/0 de la valeur.		
Aigle, (pierre d')	2	4	
Aigre, Esprit, ou Huile de vitriol, ou Acide vitriolique, (*Loi du 1er. août 1792*)	20	40	
Aiguilles (à Mercerie)			
Ail		51	
Aimant, (pierre d')	2	4	
Airain, (Voyez-Bronze.)			
Alana, Craie et Tripoli	1	2	
Albâtre	(B)		

	fr.	c.	
Alizari (V. Garance sèche.)			ENTRÉE.
Alkecange, bayes et feuilles	2	4	
Alkerme ou Ecarlate	1	2	
Allière (graine d')	1	2	
Allumettes	1	23	
Aloës. (*Loi du 30 avril 1806.*)	100		
Alpagattes, ou Souliers de corde	1	50 les 12 pair.	
Alpiste ou Millet	1	2	
Alquifoux	1	2	
Alun, excepté celui ci-après		51	
Alun brûlé ou calciné	30	60	
Amadou	6	12	
Amandes en coque ou cassées. (*Loi du 30 avril 1806.*)	10		
Ambre gris et liquide	30	60 la liv. net.	
Ambre jaune ou Carabé	18	36	
Ambrette ou Abelmosc	5	10	
Amiante		51	
Amidon	10	20	
Ammomum Racemosum ou Verum	15	30	
Ammoniac (Voyez sel.)			
Ammy	4	8	
Amurca ou Marc-d'olives	(B)		
Anacardes	6	12	
Anatrum ou Natrum, Ecume de verre	(B)		
Anchois	18	36	
Ancres de fer	3	6	
Anes ou Anesses		25 la pièce.	
Angélique, (graine, racine et cote d')	8	16	

ENTRÉE.

	fr.	c.
Anis étoilé, Badiane ou Anis de la Chine. (*Loi du 30 avril 1806*...	75	
Anis verd. (*Même loi.*).....	18	
Antale ou Antalium, coquillage...	5	6
Antimoine cru...	5	6
Antimoine préparé...	8	16
Antolphe de girofle...	30	60
Antore ou Antora...	2	4
Appios ou fausse Angélique..	5	10
Apocin, (graine d')...		51
Arbres en plant...	(B)	
Arcanson ou Brai sec. (*Loi du 30 avril 1806.*)...	3	
Arco ou Potin gris...	9	18
Ardoises ordinaires. (*Loi du 30 avril 1806*...	7	50 le 1000 en n.
Ardoises en table. (*Même loi.*)	30	le 100 en n.
Aréca ou Aréque...	5	10
Argent en masse, lingots et espèces, et en bijoux cassés..	(B)	
Argent faux ou Cuivre argenté, et Argent faux en lames, en feuilles, trait ou battu...	102	
Argent faux, filé sur fil ou filé faux...	163	20
Argent faux, filé sur soie. (Prohibé.)		
Argent fin en trait, en lame, en feuille, battu et filé...	24	48 la livre net.
Argenterie de toutes sortes, (excepté celle vieille étrangère, et celle neuve, au poinçon de France, revenant de l'étranger, qui sont exemptes; *Loi du 1er. août 1792.*)	24	48 la livre net.
Argent vif ou Mercure. (*Loi du 30 avril 1806.*)...	60	
Argentine, (graine)...	1	2
Argile ou Terre glaise...	(B)	
Aristoloches...	3	6
Armes blanches. (*Loi du 8 floréal an 11.*)...	200	
Armes à feu...	73	44
Arsenic. (*Loi du 30 avril 1806*)	7	50
Asclepias ou Contrayerva blanc	8	16
Aspalatum. (V. Bois d'Aloës.)		
Asphaltum ou Bitume de Judée...	10	20
Assa-fetida ou Stercus diaboli. (*Loi du 30 avril 1806.*)...	25	
Avelanède ou Valanède...	(B)	
Avelines ou Noisettes...	3	6
Aventurines, comme omis au tarif...		5 p. % de la valeur.
Avirons de bateaux...		1 le 100 en nomb.
Aulne, (écorce d')...	(B)	
Aulnée ou Enula-campana,		
(racine d')...		51
Avoine, (gruau ou farine d')..	5	6
Autour...	20	40
Autruche, (poil, ploc et duvet d')...	(B)	
Azarum...	1	2
Azur de roche fin, ou Lapis lazuli...	122	40 au net.
Azur en poudre ou en pierre. (*Loi du 30 avril 1806.*)... (Par azur en pierre, on entend le smalt.)	20	

B.

	fr.	c.
Baies de laurier...	1	53
Balais de bouleau et autres communs...		5 p. % de la valeur.
Balaustes fines et communes..	5	10
Baleine coupée et apprêtée...	61	20
Baleine en fanons...	30	60
Balles de paume...	12	24
Bambous...		12 p. % de la valeur.
Bandes de roues. (*Loi du 1er. août 1792.*) (Comme Fer en verges.)		
Bandoulières ou Baudriers. (Prohibés.)		
Bangue...	6	12
Barbues et Barbançons. (*Loi du 1er. août 1792*) (Comme Poterie de terre.)		
Bardanne, (racine de)...		51
Bas de fil, de laine, de soie ou autres matières. (Prohibés comme Bonneterie.)		
Basin. (Prohibé.)		
Batistes. (V. Linons.)		
Bâts, selles grossières...		50 la pièce.
Bateaux, barques, canots et autres bâtimens de mer, hors d'état de servir...	(B)	
Bateaux du Rhin, neufs...		10 p. % de la valeur.
Bâtimens de mer en état de servir. (*Décret du 19 mai 1793.*)...		2 1/2 p. % de la val.
Battefeux (à Mercerie.)		
Battin non ouvré...	(B)	
Baume du Canada...	1	2
—— de Copahu. (*Loi du 30 avril 1806.*)...	1	50
—— du Pérou. (*Même loi.*)	6	} la liv. net.
—— de Tolu et de la Mecque...	2	55
Baume de Riga, (c'est de l'eau-de-vie distillée sur des plantes vulnéraires.)(*Lettre du 20 janvier 1806.*) Comme Droguerie non dénommée.		20 p. % de la valeur.

ENTRÉE

	fr.	c.
Bedelium......................	12	24
Ben, (noix de).............	12	24
Benjoin. (*Loi du* 30 *avril* 1806.)	60	
Besoard ou Pierre de fiel.....	122	40 au net.
Bestiaux....................	*néant.*	
Bétel, (feuilles de).........	20	40
Beurre....................	(B)	
Beurre de cacao. (V. Huile.)..		
Beurre de nitre et de salpêtre..	6	12
Beurre de pierre. (V. Kamine mâle.)		
Beurre de Saturne..........	5	10
Bierre, (les deux hectolitres, 68 litres $\frac{1}{50}$, équivalant au muid de Paris de 144 pots, formant 288 pintes) . *Loi du* 30 *avril* 1806.)..........	15	
Bijouterie de toutes sortes....	12 p. $\frac{0}{0}$ de la valeur.	
Bimbloterie. (*Loi du* 30 *avril* 1806.).................	80	
Biscuit de mer.............	(B)	
Bismuth ou Étain de glace....	2	4
Bisnague ou Visnague , (taille de).....................	12	24
Bistorte....................	1	55
Bistre.....................	1	55
Bitumes non dénommés au présent tarif.............	2	4
Blanc à l'usage des femmes...	48	96
Blanc de plomb en écailles...	12	24
Blanc de baleine............	30	60
Bleu de Prusse	61	20
Bois d'acajou. *(Loi du* 30 *avril* 1806.)...................	25	
Bois à bâtir et à brûler, de construction navale et civile, en planches et madriers......	(B)	
Bois de buis...............	2	4
Bois de Cayenne ou Bois satiné de Ferrolle. *(Décision du* 16 *pluviose an* 11.) (Comme Bois de marqueterie).....		
Bois d'éclisses pour tamis , sceaux, cribles , etc.......	5 p. $\frac{0}{0}$ de la valeur.	
Bois feuillards , pour cercles ou lattes , etc.............	25 le m. en n.	
Bois de Gayac en bûches.....	(B)	
Bois de marqueterie. (*Loi du* 8 *floréal an* 11)..........	15	
Bois merrain...............	(B)	
Bois de miroirs non-enrichis, (à Mercerie.)............		
Bois ouvrés de toutes sortes...	15 p. $\frac{0}{0}$ de la valeur.	
Bois de Palissandre. *(Lettre du ministre de l'Intérieur, du* 22 *messidor an* 13.)(Comme Bois de marqueterie.)		
Bois sciés, importés par les départemens de la Lys , de l'Es-		

	fr.	c.
caut et des Deux-Nèthes. (*Loi du* 19 *thermidor an* 4.)	10 p. $\frac{5}{0}$ de la valeur.	
Bois de teinture , en bûches ou éclisses...................	(B)	
Bois de Santal rouge est dans cette classe. (*Lettre du* 7 *mai* 1806.)		
Bois de teinture moulus. (*Loi du* 9 *floréal an* 7.).......	10	
Bois à tan	(B)	
Bois d'Aloës ou Aspalatum ..	40	80
Bois de baume ou Xilo-balsamum..................	40	80
Bois de Crable	50	60
Bois néphrétique	51 au net.	
Bois de Rhodès , à l'usage des parfumeurs...............	10	20
Bois de Santal citrin , au même usage...................	20	40
Bois tamaris................	15	50
Boîtes de bois blanc.........	15	50
Boîtes ferrées , boîtes de sapin peintes.(à Mercerie.)		
Boîtes ou tabatières de carton , de papier...............	183	60
Boîtes de cuir. (Prohibées.)		
Bol d'Arménie	4	8
Bonneterie de toute espèce. (*Loi du* 1er. *mars* 1793.) (Prohibée.)		
Borax brut. (*Loi du* 30 *avril* 1806.).................	25	
Borax raffiné. *(Idem)*	90	
Bouchons de liége. *(Idem.)*..	36	
Bougettes. (à Mercerie.)		
Bougies de spermacéty , ou blanc de baleine..........	61	20
Bougran , (V. Toile gommée.)		
Boules de mail.............	8	16
Boules de terre.............	(B)	
Bourdaine.................	(B)	
Bourgeons de sapins.........	1	55
Bourre ou ploe de toutes sortes.	(B)	
Bourses de cuir, de fil et de laine (à Mercerie.)		
Boutargue	6	12
Bouteilles de grès. *(Loi du* 1er. *août* 1792.) (Comme Poterie de terre.)		
Boutons , sauf les exceptions ci-après. (Prohibés.)		
Boutons de coco , (*Loi du* 1er. *août* 1792). (Comme Mercerie commune.)		
Boutons de manches , d'étain et autres métaux communs. (à Mercerie.)		
Brai gras ou Goudron. *(Loi du* 30 *avril* 1806.)	3	

ENTRÉE.

	fr.	c.
Briques et tuiles..........		75 le m. en n.
Briquets limés. (à Mercerie.)		
Bronze ou Airain, et tout métal non ouvré, allié de cuivre, d'étain ou de zinc.....	12	24
Bronze, en vieux canons. *(Décision du 1er. complément. an 12)* (Comme Cuivre en rosette, mitraille et lingots.)		
Bronze ouvré. (Prohibé.)		
Brosserie. (à Mercerie.)		
Brou ou écorce de noix......		(B)
Bruyères à faire vergettes....		51
Brun rouge ou Rouge brun...		51
Burail de Zurich. *(Décision du 28 brumaire an 9)*.....	142	80

C.

	fr.	c.
Cacao. *(Loi du 30 avril 1806.)*		200 au net.
Cachou (suc de)...........	24	48
Cadrans d'horloges et de montres. (à Mercerie).		
Café. *(Loi du 30 avril 1806.)*.		150 au net.
Caillou à faïence ou porcelaine.		(B)
Calamine ou Cadmine.......		(B)
Calamine blanche. (V. Pompholix.)		
Calamus verus, aromaticus ou amarus.................	4	59
Calcantum, ou Vitriol rubifié colchota...............	4	59
Calebasse de terre, plante...	1	2
Calebasse, courge vidée et sèche...................	6	12
Camomille (fleurs de).......	6	12
Camphre. *(Loi du 30 avril 1806.)*.............	100	
Canelle blanche. (V. Costus doux.)		
Canelle de Ceylan..........	3	6 la liv. net.
Canelle commune..........	1	53 la livre net.
Canéfice, n'est autre chose que la casse. (V. Casse.)		
Cannes ou joncs non montés. (V. Joncs pour cannes.)		
Canons de bronze vieux. (V. Bronze.)		
Cantharides (mouches).....	30	60
Caparaçons. *(Loi du 1er. août 1792.)*................		15 p. % de la valeur.
Capillaires...............	6	12
Câpres. *(Loi du 30 avril 1806.)*	30	
Câprier (racine de)........	6	12
Carabé. (V. Ambre jaune)..		
Caractères d'imprimerie en langue française...........	81	60
Caractères en langues étran-		

---

	fr.	c.
gères.................	40	80
Caractères vieux d'imprimerie, en sac ou bloc...........		(B)
Cardamomum............	61	20 au net.
Cardes à carder..........	9	18
Caret. (V. Ecaille de tortue.)		
Carline ou Caroline, ou Caméléon.................	4	8
Carmin fin..............	28	56 la livre.
Carmin commun..........	16	52
Carpobalsamum..........	12	24
Carreaux de pierres........		(B)
Carreaux de terre........		75 le m. en n.
Carrobe ou Carrouge......		51
Cartami (graine de)........	3	6
Cartes géographiques........		5 p. % de la valeur.
Cartes à jouer. (Prohibées.)		
Cartons de toutes espèces....	48	96
Cartons gris ou pâtes de papier.		(B)
Carvi ou Carvi semen......	6	12
Casse. *(Loi du 8 floréal an 11.)*	9	
Casse confite..............	30	60
Cassia lignea. *(Loi du 8 floréal an 11.)* (Comme Canelle commune.)		
Castine.................		(B)
Castoreum................	91	80 au net.
Catapuce ou Palma-christi...	6	12
Ceintures de laine. *(Décision du 3 vendémiaire an 13.)* (Prohibées comme Bonneterie.)		
Cendres à l'usage des manufactures, comme Cendres communes, d'orfèvre et de chaux.		(B)
Cendres bleues et vertes, à l'usage des peintres..........	81	60 au net.
Cendres de bronze.........	6	12
Cercles de fer dont sont revêtues les futailles vides. *(Lettre du 24 frimaire an 13,..)*		10 p. % de la val.
Cerf (os de cœur de)........	20	40
Cerf (moëlle, nerf, vessie de)	6	12
Cerf (esprit, sel, huile de)..	6	12
Cerf (cornes rapées de) (V. Corne.)		
Céruse en pain et en poudre. *(Loi du 30 avril 1806.)*..,	12	
Céterac, espèce de capillaire.	1	2
Cévadille (graine de).......	4	8
Chaînes de fer. (grosses) (Comme Serrurerie.) (Prohibées.)		
Chairs salées..............		(B)
Champignons secs..........	30	60
Chandelles de suif.........	6	12
Chanvre, même apprêté ou en filasse.................		(B)
Chapeaux de castor et demi-		

	fr.	c.
castor	6 la pièce.	
Chapeaux de toute espèce, en poil commun ou laine	3 la pièce.	
Chapeaux de paille, autres qu'anglais, qui sont prohibés. *(Loi du 30 avril 1806.)*	8 la douz.	
Chapeaux de cuir. (Prohibés.).		
Chapeaux d'écorce de bois. *(Loi du 30 avril 1806.)*...	5 la douz.	
Chapeaux de crin	2	50 *Idem.*
Chapeaux marc de rose		51
Chapelets de bois et de rocailles. (à Mercerie.)		
Charbon de bois et de chenevotte	(B)	
Charbon de terre. *(Loi du 8 floréal an 11.)* Le tonneau de 10 quint. 77 liv., importé par l'Océan, de Saint-Jean-de-Luz aux Sables-d'Olonne, inclusivement	8	
des Sables-d'Olonne à Rhedon, inclusivement	10	
de Rhedon à Tréport, inclusivement	8	
de St.-Valery-sur-Somme jusqu'à la Canche	10	
d'Etaples à Anvers	15	
Par tous les ports de la Méditerranée	10	
(Ces droits doivent être perçus par tonneau, lorsque la totalité du chargement est en charbon; et d'après la pesée réelle, à raison de 10 quintaux 77 liv. pour un tonneau, si le navire est chargé de marchandises sujettes à différens droits; *Loi du 1er. août 1792.*)		
Importé par terre, le baril de 120 liv. *(Loi du 19 mai 1793.)*	10	
Chardons à drapiers et bonnetiers	(B)	
Chaux à brûler. *(Circulaire du 16 thermidor an 12)*	30 le m. cube.	
Chevaux, autres qu'anglais, qui sont prohibés	(B)	
Cheveux	(B)	
Chicorée moulue. *(Circulaire du 6 ventose an 13.)* (Comme droguerie non-dénommée).	20 p. % de la val.	
Chicotins ou sacs à tabac. (Prohibés.)		
Chiens de chasse	50 la pièce.	
Chocolat et cacao broyé et en pâte. *(Loi du 30 avril 1806.)*	260 au net.	
Chouan ou Couan	51	

	fr.	c.
Choux-croûte	4	8
Cidre, le muid de Paris. (2 hectolitres, 68 litres $\frac{1}{50}$e.)...	6	
Ciment	(B)	
Cinabre naturel et artificiel	20	40
Cire blanche non-ouvrée	61	20
Cire blanche ouvrée	81	60
Cire jaune non-ouvrée	6	12
Cire jaune ouvrée	48	96
Cire à cacheter	97	92
Cire à gommer, à l'usage des tapissiers	12	24
Cire pour souliers	61	20
Citouard (V. Zédoaire.)		
Civette	122	40 la liv. net.
Cloches, clochettes, mortiers de fonte et de métal. (Proh.)		
Cloportes	30	60
Cobalt ou Cobolt	2	4
Cochenille, même en grabeau.	4	8
Coco (noix de)	12	24
Coco (coques de)	(B)	
Coffres non garnis (à Mercerie.)		
Colle, excepté celle ci-après	12	24
Colle de poisson. *(Loi du 30 avril 1806.)*	80	
Coliers de perles et de pierres fausses. (à Mercerie.)		
Colophone ou Colophane, espèce de résine.(Comme Brai.)		
Coloquinte	6	12
Compas. (à Mercerie.)		
Confections. (Prohibées.)		
Confitures de toutes sortes. *(Loi du 8 floréal an 11.)*	70	
Contrayerva	10	20
Contrayerva blanc. (V. Asclépias.)		
Coques du Levant	8	16
Coquillages d'hist. naturelle	(B)	
Coquillages de mer	(B)	
Coquilles de nacre. (V. Nacre.)		
Corail non ouvré, en fragmens.	20	40
Corail ouvré	15 p. % de la valeur.	
Coraline ou mousse marine	4	8
Cordages de chanvre. *(Loi du 30 avril 1806)*	[illegible]	
Cordages de jonc et de tilleul. *(Même loi.)*	4	
Cordages usés	(B)	
Cordes à violons. *(Loi du 1er. août 1792.)* (Comme Mercerie fine.)		
Cordonnets de fil. *(Même loi.)* (Comme Rubans de fil.)		
Cordonnerie (ouvrages de). (Prohibés.)		
Cordons de laine et de fil de chèvre mêlés. (V. Rubans.)		

ENTRÉE.

	fr.	c.
Coriandre (graine de)........	1	53
Coris ou Cauris..............	(B)	
Cornes de bœufs ou de vaches.		25 le m. en n.
Cornes de cerf et de snack....	2	55
Cornes de cerf rapées........	4	,8
Cornes de moutons , béliers , et autres communes , ce qui comprend les cornes rapées ou clapons..............	(B)	
Cornes rondes à faire peignes.	3	6
Cornes brûlées et ébauchées , pour manches de couteaux. (*Loi du* 1er. *août* 1792.) (Comme celles rondes.)		
Cornes plates à faire peignes. (*Loi du* 8 *floréal an* 11.)..	24	
Cornes en feuillets transparens, par cent quatre feuillets. (*Loi du* 8 *floréal an* 11.)		
de 19 à 24 centimètres de longueur, sur 19 à 22 de largeur	8	
de 14 à 16 centimètres *idem,* sur 11 à 14 *idem*........	6	
de 11 à 14 centimètres *idem,* sur 11 *idem*...........	4	
de 11 centimètres et au-dessous *idem* , sur 11 et au-dessous *idem*	3	
Cornes de licorne..........	6	12 la livre.
Cornets à jouer, de corne ou de cuir. (à Mercerie.)		
Cornichons confits..........	8	16
Costus indicus et amarus.....	122	40 au net.
Costus doux ou canelle blanche.	8	16
Coton en laine. (*Loi du* 30 *avril* 1806.)	60	au net.
Cotons filés. (*Même loi.*)....	7	la livre.
Cotons filés pour mèches. (Prohibés.) (*Loi du* 30 *avril* 1806.)		
Couleurs à peindre , de toutes sortes, en sacs , en vases, en boîtes et en tablettes	14	28
Couperose blanche, et couperose ou vitriol bleu.......	15	50
Couperose verte. (*Loi du* 1er. *pluviose an* 13.)	20	
Coutellerie (ouvr. ▮▮Prohib.)		
Coutils...................	81	60
Ceux dans lesquels il entre du coton. (Prohibés.)		
Couvertures de soie , de filoselle et fleuret...........	204	
Couvertures de coton, et de fil et coton. (*Loi du* 30 *avril* 1806.) (Prohibées.)		
Couvertures de laine , comme étoffes. (Prohibées.)		

	fr.	c.
Couvertures de ploc , et autres basses matières..........	48	96
Crasse de cire.............	3	6
Crasse ou Pierre de sel. (*Décision du* 7 *vendémiaire an* 5.)	5 p. $\frac{c}{0}$ de la valeur.	
Craie. (V. Alana.)		
Crayons en pastel , et autres de toute sorte	10	20
Crayons noirs.............	1	2
Crême ou cristal de tartre....	9	18
Crêpes de soie de toutes sortes, la pièce de 11 mèt. 88 cent. Celles venant du royaume d'Italie, avec certificat du fabricant, visé par le Préfet ou sous-Préfet , et à la charge d'entrer par le bureau de Verceil ou celui de Casatisme. (*Décret du* 26 *mars* 1806.).	9 3	
Creusets d'orfèvres, ou propres aux monnaies. (*Loi du* 1er. *août* 1792.) (Comme Poterie de terre.)		
Crin. (*Loi du* 30 *avril* 1806)..	12	
Cristal de roche non ouvré...	30	60
Cristal de roche ouvré. (Proh.)		
Cruches de grès. (*Loi du* 1er. *août* 1792.)(Comme Poterie de terre.)		
Cubèbe , ou poivre à queue...	4	8
Cuillers d'étain. (à Mercerie.)		
Cuir bouilli. (Prohibé.)		
Cuirs secs en poil. (*Loi du* 8 *floréal an* 11.)...........	25 la pièce.	
Cuirs tannés , corroyés ou apprêtés, ouvrés ou non ouvrés. (Prohibés.)		
Cuivre rouge brut, fondu en gâteau ou plaque, lingot, rosette et mitraille rouge de toute espèce.............	(B.)	
Cuivre en chandeliers , flambeaux , mouchettes , tire-bouchons et autres ouvrages de même espèce. (à Mercerie.)		
Cuivre laminé pour doublage de navires , et à fonds de chaudières , barres à cheville , clous de cuivre rouge durcis au gros marteau , clous de cuivre allié pour doublage et pentures de gouvernail. (*Loi du* 8 *floréal an* 11.)...............	75	
Cuivres ouvrés de toutes autres espèces que ceux ci-dessus. (Prohibés.)		
Cuivre jaune. (V. Laiton.)		

	fr.	c.
Cumin....................	2	4
Curcuma. (V. Terra-merita.)		
Cyperus. (V. Souchet.)		

D.

	fr.	c.
Dattes....................	4	8
Daucus , (graine de) ou se-men-dancy..............	10	20
Dégras de peaux............	10	20
Dentelles de fil et de soie. (*Loi du 30 avril 1806.*)........	2 par mètre.	
Dentelles d'or fin...........	120	40
Dentelles d'argent fin.......	81	60 } la liv. net.
Dentelles d'or et d'argent faux.	24	48
Dentelles grossières de fil. (*Loi du 30 avril 1806.*)........	10 par mètre.	
Dents d'éléphant. (V. Ivoire.)		
Dents de Loup. (V. loup.)		
Derle ou terre de porcelaine..	(B.)	
Dez à coudre, autres que d'or et d'argent, et dez à jouer. (à Mercerie.)		
Dibidivi	(B.)	
Dictame ou Radix dictami , en feuilles	4	8
Dominoterie. (à Mercerie.)		
Dragées de toutes sortes.....	30	60
Draps et étoffes de laine , de coton et de poil , ou mé-langés de ces matières. (Prohibés.)		
Drogueries non dénommées au tarif (*Loi du 30 avril 1806.*).	20 p. o/o de la valeur.	
Duvet. (*Même loi.*)	100	

E.

	fr.	c.
Eau de cerise (V. Kirschwaser.)		
Eau-de-vie , autre que de vin. (Prohibée.)		
Eau-de-vie de vin. (*Loi du 30 avril 1806*)..............	20 le litre.	
Eau-de-vie double. (*Même loi*).	40 le litre.	
Eau-de-vie d'Andaye. (*Loi du 1er. août 1792*) (Comme Liqueur.)		
Eau-forte. (*Même loi*)......	20	40
Eaux minérales , sauf le droit sur les bouteilles..........	(B.)	
Eaux médicinales et de senteur.	61	20 au net.
Eau de fleur d'orange. (*Loi du 1er. août 1792*) (Comme Eau médicinale.)		
Ecaille d'ablette...........	2	4
Ecaille de tortue. (*Loi du 30 avril 1806.*).............	120	
Ecarlatte. (graine d').......	1	2
Echalats (*Lettre du 26 germi-minal an 10.*) (Comme bois feuillards pour cercles et lattes.)		
Echantillons de gants et de bas de soie dépareillés , et n'ex-cédant pas le nombre de trois. (*Loi du 1er. août 1792*)....	(B.)	
Ecorce de bois pour chapeaux de femme. (*Lettre du 13 prairial an 13*)...........	10 p. o/o de la valeur.	
Ecorce de câprier..........	6	12
de citrons, d'oranges et bergamottes.......	8	16
de coutilawan.......	12	24
de gayac...........	1	55
de grenade ou mali-corium, comme dro-guerie omise (*Lettre du 26 avril 1806.*).	20 p. o/o de la valeur.	
de mendragore ou faux gens-eng...........	18	36
d'orme pyramidal....	2 ½ p. o/o de la val.	
de simarouba........	15	30
de tamaris.........	6	12
de tilleul, pour cor-dages............	(B.)	
Ecorce à faire du tan........	(B.)	
Ecritoires simples (à Mercerie).		
Ecume de verre (V. Anatrum.)		
Ederdon, ou Edredon, ou du-vet de l'Eider. (*Loi du 30 avril 1806*).............	6 la livre.	
Effets à l'usage des voyageurs.	(B.)	
Ellebore noir ou blanc (racine d').................	4	8
Email brut	12	24
Email ouvré...............	91	80
Email en poudre. (*Circulaire du 23 pluv. an 13.*) (Comme Azur en poudre.)		
Emeril en poudre et en grains.	1	2
Emporte-pièces. (à Quincaillerie fine.)		
Encens de toute sorte. (*Loi du 30 avril 1806*)...........	20	
Encre de la Chine..........	81	60
à écrire............	24	48
à imprimer, et en taille-douce............	12	24
Engrais de toute sorte pour les terres.............	(B.)	
Enula campana. (V. Aulnée.)		
Eperons communs. (à Mercerie)		
Epingles blanches........	61	20
Epithimes ou Cuscutes.......	4	8
Epiceries non dénommées....	10 p. o/o de la valeur.	
Eponges communes (*Loi du 30 avril 1806*)............	60	
(Sont réputées telles, celles		

fr. c.

dont la valeur du quintal n'excède pas 3oo fr.; *Loi du 1er. août* 1792.)

Eponges fines. *(Loi du 3o avril* 1806)................... 200

Eponges servant à la fabrication de l'amadou.......... (B.)

Escajolles................... 51

Esprit ou essence de bergamottes et de citrons....... 1 55 la livre.

Esprit ou essence de girofle... 4 8 *idem.*

Esprit de nitre.............. 20 40

Esprit de sel................ 5o 6o

Esprit de soufre. *(Loi du 1er. août* 1792.) (Comme esprit de nitre.)

Esprit ou essence de térébenthine.................... 6 12

Esprit-de-vin. *(Loi du 9 floréal an 7)*................ 45 le litre.

Essaye.................... 1 2

Essence ou quintessence d'anis. 204 au net.

Essence de canelle.......... 146 88 la livre net.

Essence de romarin et autres semblables............... 81 6o au net.

Essence de rose ou Rhodium. 48 96 la livre net.

Estampes de toutes sortes.... 15 p. $\frac{2}{6}$ de la valeur.

Esule, racine médicinale.... 1 2

Etain non ouvré, et celui usé ou brisé................ 4 8

Etain en cuillers et fourchettes, et autres menus ouvrages, (à Mercerie.)

Etain en feuilles ou battu.,.. 51

Etain ouvré, autre que ceux ci-dessus. (Prohibé.)

Etain de glace. (V. Bismuth.)

Etaux d'horlogers. *(Décision du 22 nivose an 7)*, comme omis au tarif..,......... 10 p, $\frac{2}{6}$ de la valeur.

Etoffes de laine, de coton et de poil, ou mélangées de ces matières. (Prohibées.)

Etoffes avec or ou argent faux, (Prohibées.)

Etoffes de soie unies........ 15 3o ⎫
    brochées sans or ni argent............. 18 36 ⎪
    avec or et argent fin.. 5o 6o ⎪
    de soie, mêlées d'autres matières sans or ni argent............ 12 24 ⎬ la liv. net.
    mêlées avec or et argent fin..,......... 16 5o ⎪
    de filoselle ou fleuret.. 6 12 ⎪
    avec or et argent fin.. 9 18 ⎭

Etoupes de chanvre et de lin.. (B.)

Etriers. *(Loi du 1er. août* 1792)

(Comme Mercerie commune.)

Etrilles. *(Loi du 1er. août* 1792) (Comme grosse Quincaillerie en fer.)

Euphorbe................. 6 12

Euphraise................ 4 8

Eventails communs. (à Mercerie.)
    fins, c'est-à-dire, d'une valeur excédant 1 fr. 5o c. pièce. *(Loi du 1er. août* 1792), (Comme Mercer. fine.)

F.

Fabago (racine de).......... 5 6

Faïence et poterie de grès.... 24 48

Celle connue sous la dénomination de terre de pipe ou grès d'Angleterre. (Prohib.)

Faisse ou lie d'huile. (Comme huile commune.)

Farine, excepté celle d'avoine. (B.)

Faulx, faucilles. (à Quincail.)

Fenouil (graine ou semence de). 6 12

Fenugrec.................. 51

Fer-blanc *(Loi du 3o avril* 1086)................... 18

Fers noirs en feuilles et en tôle. *(Idem)*................ 10

Fer-blanc, fer-noir et fer en tôle, ouvrés. (Prohibés.)

Fers en barre. *(Loi du 3o avril* 1806)................ 4

Fers en gueuse............ (B)

Fers en verges, feuillards, carillons, rondins et autres qui ont reçu une première main-d'œuvre. (*Loi du 3o avril* 1806.)................ 6

Fers ouvrés de toutes sortes, comme fers en taillanderie, ressorts de voitures, ouvrages de serrurerie, en fonte, en plaques de cheminées, etc. (Prohibés.)

Ferraille et vieux fer....... (B)

Ferret d'Espagne........... 51

Fèves de Saint-Ignace...... 14 28

Feuilles de houx, de myrte, de noyer et autres, propres à la teinture et aux tanneries............... (B)

Feuilles de lierre.......... (B)

Fiches de nacre de perle. *(Lettre du 5 brumaire an* 14.) (Comme Mercerie commune.)

	fr.	c.
Fil de fer ou acier. (1).......	12	24
de cuivre de six lignes de diamètre et au-dessous...	40	80
Fil de lin et de chanvre, simple. (*Loi du 30 avril* 1806)....	10	
retors..............	61	20
teint..............	122	40
d'étoupes..........		51
à voiles...........	6	12
de mulquinerie et fil de linon..............	(B)	
Fil de ploc, ou poil de cheval.	4	8
Fléaux de balance. (Prohibés.)		
Fleurs de pêcher..........	7	14
de romarin...........	7	14
de violette..........	7	14
de soufre............	6	12
Fleurs artificielles de toutes sortes................	122	40
Flin................	1	2
Foin................	(B)	
Folium gariofilatum ou feuilles de girofle....	20	40
Folium indicum ou indum...	5	10
Fonte verte. (V. Polosum.)		
Forces à tondre les draps....	10	20
Fouets. Fourchettes d'étain. } (à Mercerie.)		
Fourchettes de fer. (*Loi du 1er. août* 1792.) (Comme Mercerie commune.)		
Fournimens à poudre. Fourreaux d'épée. } (à Mercerie.)		
Fourreaux de pistolets, sans cuir. (*Loi du 1er. août* 1792.)	15 p. % de la valeur.	
Fourrure (V. Pelleterie ouvrée.)		
Franges (V. Passementerie.)		
Fromages................	4	59
Fruits. (*Loi du 30 avril* 1806.) savoir :		
bigarades, cédrats, citrons, limons, oranges, (2) chadecs..............	10	
olives et picholines.......	18	
prunes, pruneaux, raisins et autres fruits secs.......	8	
châtaignes, marrons, noix, et tous les autres fruits non-dénommés au tarif. Ce qui s'applique aux fruits frais.)..........	4	

(1) Fil d'acier employé à la fabrication des aiguilles, dans les départemens de la Meuse-Inférieure, et de la Roër, ne doit que le droit de balance, à la charge d'entrer par la douane de Cologne. (*Lois des 22 ventose an* 12 *et 1er. pluviose an* 13.)

(2) Celles sèches et amères qu'on emploie à la fabrication du genièvre, doivent le même droit. (*Lettre du 7 mai* 1806.)

	fr.	c.
Fruits à l'eau-de-vie........	48	96
Fruits artificiels en terre fine cuite. (*Lettre du 22 messidor an* 8) Comme omis....	10 p. % de la valeur.	
Fumiers....................	(B)	
Fuseaux (à Mercerie.)		
Fustet (Feuilles et branches de)	(B)	
Futailles vides ou en bottes..	(B)	

G.

	fr.	c.
Gaînes. (à Mercerie.)		
Galbanum..............	8	16
Galle (V. Noix de)		
Galles légères............	(B)	
Gallipot. (V. Encens.)		
Callium blanc et jaune......	1	2
Galons et ganses. (V. Passementerie.)		
Galons vieux pour brûler....	(B)	
Gants et autres ouvrages de ganterie en peau et cuir, doublés ou non. (Prohibés.)		
Gants de fil, de laine, de soie ou autres matières. (Prohib. comme Bonneterie.)		
Garance moulue. (*Loi du 30 avril* 1806)..........	15	
sèche, ou alizari. (*Même loi.*)..............	6	
verte. (*Même loi.*).......	2	
Garouille.................	(B)	
Gaude....................	(B)	
Gazes anglaises. (Prohibées.)		
Gazes et marly de soie......	30	60
Gazes de soie et de fil.......	16	32
Gazes d'or et d'argent, ou mêlées d'or et d'argent.......	61	20
Gazettes et journaux........	(B)	
Gallengal, mineur et majeur.	4	8
Genestrole...............	(B)	
Gens-eng.................	91	80 au net.
Gentianne................	1	53
Gibecières. (à Mercerie.)		
Gibier...................	(B)	
Gingembre. (*Loi du 8 floréal an* 11)..............	9	
Girofle (Bois de)..........	30	60
(clous de) (*Loi du 30 avril* 1806.)........	5 la liv. net.	
(queues de) (*Lettre du 13 mai* 1806.) comme drogueries non-dénommées...........	20 p. % de la valeur.	
Glaces et miroirs au-dessus de 3 décimètres, 25 millim..	15 p. % de la valeur.	
Glaces de 3 décim., 25 millim.,		

Gazes et marly de soie / Gazes de soie et de fil / Gazes d'or et d'argent : la liv. net.

ENTRÉE.

	fr.	c.
et au-dessous............	5o	6o
Glu....................	7	14

Gommes et Résines.

1°. A l'usage des teintures, fabriques et manufactures.

	fr.	c.
Gommes Arabique, de Bassora, du Sénégal, thurique, etc..	2	4
adragante. (*Lettre du 14 floréal an 9.*) Le même droit.		
de cerisier, abricotier, pécher, prunier, olivier, et autres communes pour la chapellerie.............	(B)	
copal, lacque, en feuilles, en grains et sur bois, mastic et sandarac pour les vernis	12	24

2°. A l'usage de la médecine et des parfumeurs.

	fr.	c.
Gommes d'acajou, de cyprès, animée, de lierre, hèdre et sarcolle..................	10	20
Gomme de cèdre	20	4o
Gomme ou résine élastique...	4	8
ammoniac.............	6	12
élemi de toute sorte ...	18	56
gayac.............	5	10
gutte ou de cambogium.	4o	8o
oppoponax.............	20	4o
sagapenum, seraphinum ou Séraphique – taccamaca	12	24
Goudron, gandron, ou goustran. (V. Brai gras.)		
Gourre ou tamarin confit avec le sucre................	5o	6o
Grabeau ou Pousse, résidu des drogues lorsqu'on en a séparé le meilleur. (Comme les drogues dont il est le résidu.)		
Grains (le riz excepté)......	*néant.*	
Graines de lin, navette, rabette, colza, et autres propres à faire huile...............	7	1
Graine de paradis ou maniquette. (*Décision du 18 prairial an 9.*)...............	5 p. ⅜ de la valeur.	
thurique................	1	53
d'angélique, anis, car		

	fr.	c.
tami, cévadille, coriandre, daucus et d'écarlate. (V. Angélique, etc.)		
Graine d'esparcette, et autres propres à semer dans les prairies................		
de genièvre.............		
de jardin de toutes sortes. ..	(B)	
jaune ou d'Avignon		
de Myrtille.............		
de ver-à-soie.........		
Grains de verre. (Prohibés comme Verrerie.)		
Graisses de toutes sortes.....	(B)	
Gravelle.................	(B)	
Grelots. (à Mercerie.)		
Gremil ou herbes aux perles, (graine ou semence de)...	1	53
Grenadier (écorce de)......	(B)	
Groisil ou verre cassé.........	(B)	
Groison.................	2	55
Gruau de blé noir	(B)	
d'avoine. (V. Avoine).		
Guimauve (fleurs et racine de.)	2	55
(suc de)	12	24
Guy de chêne.............	18	56
Gyp, espèce de gros talc.....	3	6

II.

	fr.	c.
Habillemens neufs à l'usage des hommes et des femmes, et ornemens d'église.......	15 p. ⅜ de la valeur.	
S'ils étaient en laine, coton et poil (Prohibés comme les étoffes.)		
Habillemens vieux..........	51	
Nota. Les habillemens à l'usage des voyageurs, ayant servi, qui n'excèdent pas le nombre de six, sont absolument exempts. (*Décision du 27 nivose an 8.*)		
Hameçons. (à Mercerie.)		
Harnais de chevaux	15 p. ⅜ de la val.	
Ceux en cuir, et tous autres objets de sellerie. (Proh.)		
Héliotrope................	(B)	
Hématite (pierre)..........	1	2
Herbages frais.............	(B)	
Herbes médicinales non-dénommées dans le tarif.....	3	6
Herbes propres à la teinture, non-dénommées........		
de maroquin.............	(B)	
jaune		
de pâturage		
Hermodate................	4	8

fr.   c.

Histoire naturelle . . . . (B)
  Celle destinée pour le Mu-
    séum , est absolument
    exempte. (*Décision du* 12
    messidor an 6.)
Horlogerie en montres, pendules. (Prohibée.)
Horlogerie (fournitures d')
  consistant en pivots , ressorts , spiraux et autres pièces du dedans des montres ,
  lesquelles réunies ne peuvent former des mouvemens
  complets. (*Décret du* 7 *mes-*
  sidor an 3.) . . . . 10 p. ⅖ de la val.
Horloges de bois. (*Même dé-*
  cret.) . . . . 10 p. ⅖ de la val.
Horloges à sable. (à Mercerie.)
Houatte , Houette de coton ou
  de soie. 61   20
Houblon . . . . (B)
Houpes à cheveux, de duvet.
  (à Mercerie)
Housses de chevaux, garnies ou
  non . . . . 15 p. ⅖ de la val.
Howes , bisquains ou housses
  de chevaux , en peaux d'a-
  gneaux, de brebis ou moutons , passées en mégie avec
  la laine. (Prohibés.)

Huiles à l'usage de la médecine et des parfumeurs.

Huile d'ambre 102
  d'anis ou de fenouil. . . . 204
  de cacao, ou Beurre de
    cacao.   45   90
  de canelle, girofle et ma-
    cis 408
  d'ambre jaune, carabé ou
    succin , citrons , oran-
    ges , jasmin , roses et au-
    tres fleurs , et de gayac. 51
  de muscade. 506
        } au q. net.
Huile d'asphaltum, marjolaine,
  sauge et soufre. 36   72
  d'aspic et de gland. 15   30
  de cade, de cédria et
    d'oxicèdre. 4   8
  de genièvre ou sanda-
    rac , de lavande et
    de sassafras 30   60
  de laurier. 20   40
  d'oliette et de pavot blanc. 8   16
  de palme. 10   20
  de palma-christi et de pi-
    gnons. 18   36

---

fr.   c.

Huile de pétrole. 12   24
  de tartre 22   44

Huiles comestibles , ou pour les fabriques.

Huile d'olive fine. (*Loi du* 30
  avril 1806.) 20
  Commune et seulement pro-
    pre aux fabriques. (*Même*
    loi.) 12
Huile de cheval . . . .
  de graines . . . . } 9   18
  de noix. . . . .
  de poisson. (*Loi du* 9 *floréal*
    an 7.) 12   50
  de vitriol. (V. Aigre.)
Huîtres fraîches. . . . . 5 le 1000 en n.
  marinées 12   24
Hyacinthe. 16   32
Hypocistis. 6   12

I.

Jalap (*Loi du* 30 *avril* 1806.) 50
Jarretières (V. Passementerie.)
Jays ou jayet brut . . . . (B)
Jays ou Jayet , autre que brut. 20   40
Jetons. (à Mercerie.)
Impératoire. 3   6
Indigo. (*Loi du* 8 *floréal an* 11.) 15
Instrumens aratoires. (Comme
  Quincaillerie.)
Instrumens de musique , la
  pièce :
  Fifres , flageolets , galoubets 65
  Flûtes et poches. 75
  Cistres , mandolines , psal-
    tériums , tambours , tam-
    bourins et tympanons. . . . 1   50
  Alto-violes , violons , bas-
    sons , cors - de – chasse ,
    guittares , serinettes ,
    serpens et trompettes. . . . 3
  Clarinettes et haut-bois. . . 4
  Vielles simples. 5
  Basses et contrebasses. 7   50
  Epinettes , orgues portatives
    et vielles organisées. 18
  Forte-piano et harpes. 36
  Clavecins 48
  Orgues d'église, et instru-
    mens non dénommés. . . . 12 p. ⅖ de la val.
Instrumens d'astronomie , de
  chirurgie , de mathémati-
  ques , navigation , optique
  et physique. . . . . 10 p. ⅖ de la valeur.

	fr.	c.

Livres avec gravures ou estampes. (Comme estampes, lorsqu'elles constituent essentiellement le prix d'un livre dont le texte ne sert qu'à les expliquer ; et comme livres, si les estampes et cartes géographiques ne sont qu'un accessoire d'un prix modique ; *loi du 1er. août 1792.*)

Livres reliés. (*Méme loi.*) (Comme Librairie.)

Loup (dents de)............ 1 53

M.

Macis. (*Loi du 30 avril 1806.*) 10 la livre.
Mâchefer. .... (B)
Magalaise ou Manganèse..... (B)
Magnésie. (*Loi du 1er. août 1792.*) (Comme Sel volatil.)
Malherbe. .... (B)
Malles. (Comme Coffres, à Mercerie.).
Manchons. (V. Pelleterie ouvrée.)
Manicordium. (à Mercerie.)
Maniquette. (V. graine de Paradis.)
Manne. (*Loi du 30 avril 1806.*) 40
Marbre brut, le décimètre cube. (*Méme loi.*)...... 6
ouvré, le décimètre cube. (*Méme loi*).......... 12
Marc d'olive............. (B)
Marcassite d'or, d'argent, de cuivre................. 16 52
Marcassites (ouvrages à) (V. Ouvrages.)
Marly de soie. (V. Gazes de soie.)
Marquéterie (ouvrages de)... 15 p. ½ de la valeur.
Marum (feuilles de)....... 4 8
Masques pour bal. (à Mercer.)
Massicot................. 18 36
Matelas, comme omis au tarif. 10 p. ½ de la val.
Mâts pour vaisseaux........ (B)
Mèches soufrées, soufre en mèches, et mèches de soufre. (*Lettre du 22 messidor an 8.*) 10 p. ½ de la valeur.
Mechoacham ou Rhubarbe blanche................ 5 10
Médailles .... (B)
Médicamens composés, comme confections, corail en poudre, etc. (Prohibés.)
Mélasse. (*Loi du 8 floréal an 11.*) (Prohibée.)

	fr.	c.

Mercerie commune. (*Loi du 30 avril 1806.*)........... 60

Elle se compose des objets ci-après :

Aiguilles de toutes sortes ; ambre jaune travaillé.

Battefeux et briquets limés ; boites de sapin peintes ; boîtes ferrées ; bois de miroirs non enrichis ; boucles de fer. (*Décision du 6 nivose an 7*) ; bougettes ; bourses de cuir, de fil et de laine ; boutons de manches, d'étain et autres métaux communs ; brosserie.

Cadrans d'horloge et de montre ; chapelets de bois et de rocaille ; coffres non garnis ; colliers de perles et de pierres fausses ; compas ; cornets à jouer, de corne ou de cuir.

Dez à coudre, en corne, cuivre, fer, os et ivoire ; dez à jouer ; dominoterie.

Ecritoires simples ; éperons communs ; éventails communs.

Feuilles d'éventails ; fouets ; fourreaux d'épées ; fournimens à poudre ; fuseaux.

Gaines ; gibecières ; grelots.

Hameçons ; horloges à sable ; houpes à cheveux, de duvet.

Jetons de nacre, d'os et d'ivoire.

Lanternes communes ; lignes de pêcheurs.

Manicordium ; masques pour bal ; moulins à café et à poivre.

Ouvrages de buis ; ouvrages en cuivre et fer, tels que chandeliers, flambeaux, mouchettes, tire-bouchons, et autres de même espèce ; ouvrages menus d'étain, comme cuilliers, fourchettes.

Peignes de buis, de corne et d'os ; perles fausses ; pipes à fumer.

Ramonettes ; raquettes.

Sifflets d'os et d'ivoire ; soufflets.

Tambours, tamis.

d

ENTRÉE.

	fr.	e.
Volans.		
Merceries fines, et autres non dénommées dans le présent tarif....................	15 p. % de la valeur.	
Mercerie en soie, comme bourses à cheveux, mouches et mouchoirs de soie	12	24 la liv. net.
Mercure précipité	50	60
Merluche. (*Circulaire du 23 germinal an 12.*) (Comme Morue.)		
Métal de cloche.............	56	72
Métiers à faire bas et autres ouvrages.................	15 p. % de la valeur.	
Meubles de toutes sortes.....	15 p. % de la valeur.	
Meules à taillandier. (*Loi du 1er. août 1792*), la pièce :		
de 1 mètre 218 mill. à 1 mètr. 583 millim. de diamètre...	2	50
de 1 mèt. 079 mill. à 920 mil.	1	75
de 907 mil. à 677 mil.	1	
de 665 mil. à 541 mil.		40
de 528 mil. à 406 mil.		20
de 385 mil. et au dessous..........		10
Meules de moulin, au-dessus d'un mètre 949 millimètres de diamètre.............	7	50 la pièce.
d'un mèt. 949 mill. à 1 mèt. 297 mill..............	5	Idem.
au-dessous de 1 mètr. 297 mill. de diamètre.......	2	50 Idem.
Meum d'athamante.........	2	4
Miel....................	6	12
Mine de plomb noir........	1	53
de fer	(B)	
Minium..................		51
Mirrhe (gomme de)........	8	16
Modes (ouvrages de)	12 p. % de la valeur.	
Momies, corps embaumés...	(B)	
Monnaies de métal. (Prohibées.)		
Morilles et Mousserons, espèces de champignons....	24	48
Mornes (langues, noos ou noves et tripes de) pendant la guerre. (*Loi du 22 ventose an 12.*)...............	20	
Mottes à brûler............	(B)	
Mouchoirs dans lesquels il entre du coton. (Prohibés.)		
Mouchoirs de pur fil teints ou imprimés. (Comme Toiles peintes).		
Moules de boutons.........	6	12
Moulard ou terre cimolée....	(B)	
Moulins. (à Mercerie)		
Mousselines et Mousselinettes. (Prohibées.)		
Moutarde	12	24

	fr.	e.
Muguet ou Lis de vallée (fleurs de)................	5	6
Mules et Mulets..........	1 la pièce.	
Munitions de guerre, à l'exception de la poudre à tirer.	(B)	
Musc. (*Loi du 30 avril 1806.*)	60 la livre net.	
Muscade. (*Même loi.*)......	8 la livre net.	
Musique gravée et papiers de musique. (*Loi du 1er. août 1792*), (Comme Estampes.)		
Myrobolans non confits......	7	14
confits................	30	60

N.

	fr.	e.
Nacre de perle (coquilles de) (*Loi du 30 avril 1806*)... .	40	
Nankinettes. (Prohibées.)		
Nankins d'Europe. (*Loi du 1er. pluviose an 13.*) (Prohibés.)		
Nankins des Indes. (V. Toiles.)		
Naphe ou Naphte..........	3	6
Nattes de jonc.............	8	16
de paille, de roseaux et autres plantes et écorces...	2	4
Navires (V. Bâtimens de mer.)		
Nénuphar................	1	53
Nerprun	(B.)	
Nerfs de bœufs et autres animaux................	(B.)	
Nigelle romaine (graine de)..	9	18
Nitre. (Prohibé.)		
Noir d'Espagne............	7	14
de fumée, de terre et de corroyeurs................	2	4
d'ivoire	30	60
de teinturier, d'Allemagne, d'os et de cerf. ...	3	6
Noix de cyprès	2	4
de galle.................	2	4
vomiques	2	4

O.

	fr.	e.
Ocre jaune et rouge.........		51
Oculi cancri............	8	16
Œufs de volaille et de gibier..	(B.)	
Oignons de fleurs..........	(B.)	
Opium. (*Loi du 30 avril 1806*).	100	
Or brûlé, en barres, en masse, lingots et monnoyé, et bijoux cassés	(B.)	
en ouvrages d'orfévrerie...	10 p. % de la valeur.	
en feuilles battu.........	26	11
trait battu, en paillettes ou clinquans...........	6	53
filé ou fil d'or fin........	4	90

(l'once net. pour : or en feuilles, trait, filé)

	fr.	c.
Or faux en barres et en lingots	73	44
faux en feuilles, paillettes, clinquant, trait et battu	142	80
faux filé, ou fil d'or faux.	163	20
faux, filé sur soie. (Proh.)		
Orcanette		51
Oreillons ou Orillons	(B.)	
Orge perlé ou mondé. (*Loi du* 30 *avril* 1806)	12	
Ornemens d'église. (V. Habillemens.)		
Orobe (graine ou semence d').	1	2
Orpiment		51
Orseille, même apprêtée	(B.)	
Os de bœufs, de vaches et autres animaux	(B.)	
Os de seiche	1	2
Osier en bottes	(B.)	
Outremer	30	60 la livre.
Ouvrages en acier, fer, étain, cuivre, airain, fonte, tôle, (1). (Prohibés.)		
en bois, en marbre et en pierres	15 p. $\frac{0}{0}$ de la valeur.	
en buis. (à Mercerie.)		
en cuivre, étain et fer. (à Mercerie.)		
en fer-blanc et autres métaux, polis ou non polis, purs ou mélangés. (Prohibés.)		
Ouvrages d'osier	15	30
de paille, de jonc et de palme	12	24
de peaux, consistant en gants, culottes et gilets. (Prohibés.)		
Ouvrages à pierres de composition, marcassites ou autres, montées sur étain, cuivre argenté ou doré, ou sur or ou sur argent	5 p. $\frac{0}{0}$ de la valeur.	
Ouvrages en plaqué. (Prohib.)		

P.

	fr.	c.
Pailles	(B.)	
Pailles d'acier et de fer		51

(1) L'article 1er. de la loi du 19 pluviose an 5, excepte les objets compris dans la classe de la mercerie commune, les armes de guerre, les instrumens aratoires, et les outils pour les arts et métiers, de quelque matière qu'ils soient composés. On ne peut mettre dans cette classe des fiches de fer, charnières, verroux, balances, etc

	fr.	c.
Pain à cacheter. (*Loi du* 1er. *août* 1792.) (Comme Mercerie commune.)		
Pain-d'épice	6	12
Pain de navette, lin et colza.	(B.)	
Papier blanc de toutes sortes.	61	20
à cautère. (*Loi du* 1er. *août* 1792.) (Comme Papier blanc.)		
de pâte grise, noire, bleue, et papier brouillard	36	72
doré et argenté, uni et à fleurs d'or et d'argent, marbré, à fleurs, uni, peint en bleu, jaune, vert, rouge, imitant le bois, et autres qui se vendent à la main et non en rouleau. (*Loi du* 1er. *août* 1792).	73	44
toutisse peint, imitant le damas, la moire, le gros-de-tours et toute autre étoffe; papier à dessin et ramage, d'une ou plusieurs couleurs, ou imitant l'architecture, et servant à tapisser ou à décorer les appartemens, et qui se vendent en rouleaux. (*Même loi*)	91	80
de la Chine	183	60
Parapluies de toile cirée		75 la pièce.
Parasols de taffetas		2 la pièce.
Parchemin neuf, brut et en rognures	(B)	
neuf travaillé	12	24
Pareira brava	4	8
Parfums non-dénommés	102	

Passementerie et listonnerie, comme galons, ganses, jarretières, aiguillettes, franges, rubans, et tous autres ouvrages de passementerie et rubannerie.

	fr.	c.
En or et argent fin	50	60 la liv. net.
En or et argent faux	306	
En soie, avec or et argent fin.	24	48 la liv. net.
En soie, sans or ni argent	15	30 *Idem.*
En soie et coton, ou matières mêlées, la livre net, lorsqu'il y a de la soie; brut, lorsqu'il n'y en a pas	7	14
En filoselle et fleuret. (*Loi du* 1er. *août* 1792.) Le même droit, au net.		
Passepierre ou percepierre	1	53
Pastel ou guelde	(B)	
Pastel d'écarlate	(B)	

ENTRÉE.

	fr.	c.
Pastel (crayons de)........	10	20
Pâtes d'amandes et de pignons.	12	24
d'Italie. (*Loi du 5o avril 1806*)................	20	
de Tournesol. (V. Tournesol.)		
Patience	2	4
Pattes de lion.............	2	4
Pavot rouge ou Coquelicot (fleurs de)...........	2	4
Pavés ou pierres de grès.....	(B)	
Peaux en verd............	(B)	
de veaux et de chevreuils sèches , en poil. (*Circulaire du 28 fructid. an 10, et Lettre du 24 jan. 1806*).	(B)	
tannées , corroyées ou autrement ouvrées. (Prohib.)		
de cagneaux bleus , lions et ours marins.........	8	16
de chien de mer..........	8	16
de cygne et d'oie, propres à faire éventails , connues dans le commerce sous le nom de peaux blanches d'Italie , doivent le droit de 15o fr. par 5 myriagrammes , que le tarif de 1791 avait imposé sur les peaux d'agnelins apprêtées pour vélin. (*Lettre du ministre de l'intérieur , du 5 thermidor an 12.*)		
Peignes de buis , de corne et d'os. (à Mercerie.)		
d'écailles	2	4 la livre.
d'ivoire	1	55 la livre.
Pelles de fer. (*Loi du 1er. août 1792.*) (Comme Instrumens aratoires.)		

Pelleteries non-apprêtées , payant au cent en nombre.

	fr.	c.
Peaux de blaireaux , de loutres, loups de bois et cerviers , de cygnes , de chèvres-angora , de carcajoux...	20	
de chats-cerviers, chats-tigres , de lions , lionnes, de martres de toutes espèces, d'oies , de renards de toutes espèces , de pékands, veaux , vaches et loups-marins..........	10	
de chats de feu, de chats sauvages, chiens et chikakois , de fouines , de genettes , de gredbes, de marmottes, de putois , de vizons................	5	
d'ours et d'oursins de toutes couleurs..............	25	
de léopards , panthères , tigres et zèbres..........	5o	
d'hermines de terre mouchetées et bervesky , écureuils d'Amérique , palmistes des Indes.......	2	
de petits-gris et écureuils de toute espèce	1	
Peaux d'hermines blanches et lasquettes , le timbre de 4o peaux.............	2	
Pelleteries ci-dessus dénommées, lorsqu'elles seront apprêtées, le double des droits ; à l'exception des ours, qui ne paient que le même droit.		
Peaux d'agneaux , dites d'Astracan , de Russie , de Perse et de Crimée......		5o la pièce.
de castors et de rats musqués	(B)	
de lapins , non apprêtées....	(B)	
idem , apprêtées........		10 la pièce.
de lièvres , non apprêtées...	(B)	
idem , apprêtées........	6 le 100 en n.	
Gorges de renards , de martres et de fouines.......	2	
Queues de martres de toute espèce................	2	5o
Queues de petits-gris , d'écureuils , d'hermines, de putois		25
Queues de renards , de fouines , de carcajoux , de pékands , de loups........	1	5o

le $\frac{0}{0}$ en n.

	fr.	c.
Sacs ou nappes de martres de Russie , de Canada , de Suède , d'Éthiopie , d'agneaux d'Astracan, d'hermines, de lasquettes....	5 le sac ou nappe	
Sacs ou nappes de dos et ventres de petits-gris, d'écureuils de toute espèce , de lapins de toutes couleurs, de taupes, de fouines, de putois, de dos et ventres de lièvres blancs , d'hermines de terre , mouchetées ou bervesky , rats palmistes des Indes, d'hamster, de dos, ventre et pattes de renard.................	1	5o le sac ou n.
Pelleteries non dénommées. (Comme celles auxquelles elles seront assimilées.)		

fr. c.

Pelleterie ouvrée , en manchons , fourrures , etc.... — 15 p. % de la val.
Pendules. (Prohibées.)
Pennes ou Paines de laine et de fil................ — (B.)
Perelle , même apprêtée..... — (B.)
Perles fausses. (à Mercerie.)
Perles fines. (*Lettre du 3 brumaire an* 14.) (Comme Mercerie commune.)
Perrigord ou Périgueux...... — (B.)
Perruques................. — 2 la pièce.
Persil de Macédoine........ — 10 20
Pieds d'élan .... — 1 50 le % en n.
Pierres à bâtir .... — (B.)
    Arméniennes........... — 20 40
    de choin , même taillées sans être polies .... — (B.)
    de choin polies , en cheminées, etc .... — 2 et ½ p. % de la v.
    à chaux. (*Loi du* 1er. *août* 1792.) (Comme Chaux.).
    à plâtre................ — (B.)
    à feu, compris celles à briquet .... — 4 8
    à aiguiser .... — 1 2
    savonneuses .... — (B.)
    de touche............... — 2 4
Pierre-ponce............... — 1 2
Pierre de mangayer........ — 5 1
Pierres de composition. (Voyez Ouvrages , etc.)
Pierres fausses ou fines , même montées................ — (B.)
Pignons blancs............. — 6 12
Pignons d'Inde............. — 8 16
Piment. (*Lettre du* 29 *mars* 1806.) (Comme Poivre.)
Pinceaux , autres que de cheveux et de poil fin...... — 18 36
    de poil fin............... — 146 88
Pipes. (à Mercerie.)
Piqués de toute sorte. (Proh.)
Pirestre................... — 5 10
Pistaches non cassées. (*Loi du* 30 *avril* 1806.)........ — 48
Pistaches cassées. (*Même loi.*) — 72
Pivoine (racines et fleurs de). — 6 12
Plâtre.................... — (B.)
Plomb brut et en saumon.... — 6 12
    à tirer et en grenaille..... — 9 18
    laminé et ouvré de toute autre sorte............ — 18 36
Plumes non-apprêtées d'autruche , d'aigrette, d'espadon, de héron, d'oiseau couronné, et autres qui entrent dans le commerce des plumassiers. (*Loi du* 30 *avril* 1806.).... — 500

fr. c.

apprêtées. (*Loi du* 30 *avril*) 1500 au net.
Plumes de qualité inférieure , comme petites noires , bailloques et de vautour, non-apprêtées. (*Idem.*)......... — 150
    apprêtées. (*Idem.*) .... — 500 au net.
Plumes à écrire, brutes. (*Idem.*) — 20
    apprêtées. (*Idem.*) .... — 100
Plumes à lit. (*Loi du* 30 *avril* 1806.)................ — 50
Poids de marc , et tous autres ustensiles destinés à peser ou à mesurer suivant l'ancien usage. (Prohibés.)
Poil en masse et non filé , de lapin , de lièvre , castor, chameau , bouc, chèvre, et chevreau................... — (B)
Poil, ploc ou duvet d'autruche. (V. Autruche.)
Poil filé et en écheveaux, excepté celui-ci après. (Proh.)
    de chèvre filé. (*Loi du* 30 *avril* 1806.)........... — 10
    de chien filé............ — (B)
Poil ou soie de porc ou de sanglier. (*Loi du* 30 *avril* 1806.) — 15
Poiré, le muid de Paris , de 144 pots (268 litres $\frac{1}{50}$)...... — 6
Poisson d'eau douce, frais... — (B)
    de mer, excepté les anchois, le thon , et encore le stockvisch , durant la guerre.(*Loi du* 22 *ventose an* 12)........... — 20
Poivre. (*Loi du* 30 *avril* 1806.) 150 au net.
Poix grasse , poix noire , poix résine et résine de sapin. (*Même loi.*)........... — 5
Polium montanum. .... — 3 6
Polozum ou Fonte verte..... — 24 48
Pommades de toutes sortes... — 61 20
Pompholix ou Calamine blanche. (V. Cendres de bronze.)
Porcelaine commune........ — 163 20
    fine .... — 326 40
Porte-feuilles de basane. (*Loi du* 1er. *août* 1792.) (Comme Mercerie commune.)
    de maroquin. (*Même loi.*) (Comme Mercerie fine.)
Potasse.................. — (B)
Poterie de terre grossière.... — 3 6
Poudre à poudrer , excepté celles ci-après........... — 12 24
    de senteur .... — 91 80
    de Chypre............. — 4 8 la liv.
Poudre à tirer. (Prohibée.)

ENTRÉE.

	fr.	c.
Tabac de Virginie.........	2	4
Pourpre naturelle et factice..	15	30
Pouzzolanne................	(B)	
Presle, (feuilles de).......		51
Pressure...................	(B)	

Q.

	fr.	c.
Quercitron. (Écorce concassée ou moulue.) (*Loi du 1er. pluviose an 13.*).........	5	
Quenes de martre, etc. (V. Pelleterie.)		
Quincaillerie, en faulx, faucilles, scies, vrilles et autres instrumens aratoires...	40	80
en limes communes.....	20	40
Quincaillerie fine (Prohibée.)		
Excepté celle ci-après : alènes, broches, carlets, emporte-pièces, limes en acier.............	76	50
Les patins sont dans cette classe. (*Lettre du 27 frimaire an 14.*)		
Quincaillerie en cuivre. (Proh.)		
Quinquina. (*Loi du 30 avril 1806.*)................	100	

R.

	fr.	c.
Racines d'alizari, d'angélique, de dictame, d'ellebore, de guimauve, de thymelée. (V. Garance sèche, Angélique, etc.)		
Raisiné de fruits cuits avec miel ou moût de vin. (*Lettre du 24 nivose an 13*)......	10 p. % de la valeur.	
Raisins de Damas et de Corinthe. (*Lettre du 12 thermidor an 13.*) (Comme Fruits secs.)		
Ramonettes. (à Mercerie.)		
Rapatelle ou Toile de crin...	20	40
Rapure d'ivoire.............	10	20
Rapontic ou fausse Rhubarbe, (Prohibé.)		
Raquettes. (à Mercerie.)		
Redon ou Rodon............	(B)	
Redoul ou Rodoul (feuilles de)	(B)	
Réglisse en bois. (*Loi du 30 avril 1806.*).............	5	
Régule d'antimoine.........	8	16
(Celle en poudre est l'antimoine préparé.)		
d'arsenic ou de cobalt.....	8	16
d'étain...................	24	48

	fr.	c.
Régule martial.............	16	32
de Vénus..............	40	80
Résine de jalap...........	61	20
Rhubarbe. (*Loi du 30 avril 1806.*).............	120	
Rhue (feuilles de)..........	2	4
Rhum. (Prohibé.)		
Riccin...................	8	16
Riz, (*Loi du 30 avril 1806.*).	5	
Rocou.(*Loi du 8 floréal an 11*).	6	
Rogues ou résures de morue..	(B)	
Romarin,(fleurs de){V.Fleurs.)		
Ronas	(B)	
Roseaux ordinaires et à l'usage des toileries.............	(B)	
Roses fines et communes....	10	20
Rosettes..................	2	4
Rotins ou roseaux des Indes pour faire meubles........	6	12
Rouge pour femme.........	8	16 la livre.
Rubans anglais. (Prohibés.)		
de fil écru et d'étoupes..	61	20
de fil blanc..............	102	
de fil teint	142	80
de soie. (V. Passementerie.)		
Rubans, cordons et tresses de laine et fil de chèvre mêlés...	122	40
Rubans ou tresses en poil de chèvre, mêlés de soie.....	204	
Ruches à miel.............	(B)	

S.

	fr.	c.
Safran. (*Loi du 30 avril 1806.*)	9 la liv. net.	
Safranum. (*Même loi.*)......	10	
Saphre ou Zaphre.........	15	30
Sagu ou Sagou...........	20	40
Salep ou Salop...........	61	20
Salpêtre. (1) (Prohibé.)		
Salseparille. (*Loi du 30 avril 1806.*)................	100	
Sandarac. (V. Gomme.)		
Sang de bouc ou bouquetin...	15	30
de dragon de toutes sortes...	18	36
Sangles pour meubles, etc...	122	40
Sanguine pour crayons......		51
Surrette ou Sariette........	1	2
Sassafras ou Saxafras.......	3	6
Sauge....................	2	4
Savon blanc. (*Loi du 8 floréal an 11.*)................	24	

(1) Les fabricans qui l'emploient comme matière première, peuvent en tirer par Lorient, le Hâvre, Dunkerque, Anvers, ou Marseille, (*Arrêté du 27 pluviose an 8*), en payant par quintal, le droit de 6 fr. 12 c. imposé par la loi du 1er. août 1792.

	fr.	c.
Savon noir. (*Loi du 8 floréal an 11.*)	18	
Savonnettes	81	60
Saxifrage (graine ou semence de)	5	6
Scabieuse	2	4
Scamonée , et résine de Scamonée. (*Loi du 30 avril 1806.*)	300 au net.	
Schalls anglais. (Prohibés.)		
Scilles ou Squilles marines	1	53
Sebestes	4	8
Sel ammoniac. (*Loi du 30 avril 1806.*)	1	50 la livre.
venant d'Egypte sur bâtiment français. (*Même loi.*)		50 idem.
Sel gemme ou fossile naturel	10	20
d'Epsum ou Duobus	6	12
de Glauber. (*Loi du 1er. août 1792.*) (Comme Sel d'Epsum.)		
Sel marin. de salines. } de nitre. } (Prohibés.)		
d'oseille	10	20
de quinquina. } de rhubarbe. } (Prohibés.)		
de saturne et de tartre	20	40
végétal , de saignette et de lait	20	40
volatil de corne de cerf, de vipère , de carabé	122	40 au net.
Sel (pierre ou crasse de) (V. Crasse.)		
Selles. (*Loi du 1er. août 1792.*) (Comme Harnais.)		
Semen contra ou Barbotine. (*Loi du 30 avril.*)	50	
Semence de ben	4	8
Semences froides et autres médicinales	6	12
Semouille. (*Loi du 30 avril 1806.*)	8	
Sené en feuilles , follicules ou grabeau. (*Même loi.*)	50	
Sénéka ou Poligata de Virginie	8	16
Sennevé	1	2
Serans, outils propres à peigner le chanvre. (*Loi du 1er. août 1792*) (Comme Instrumens aratoires.)		
Serpentine ou serpentaire	10	20
Serpes et serpettes. (Comme Instrumens aratoires.)		
Seseli	3	6
Sifflets d'os et d'ivoire. (à Mercerie.)		

	fr.	c.
Sirops de kermès	10	20
Sirops non dénommés	51	
Smalt. (*Circulaire du 25 pluviose an 13.*) (Comme Azur en poudre.)		
Soies grèzes	1	2
grèzes , doubles ou doupions		51
ouvrées en traine , poil et organsin , et à coudre , crues	2	4
teintes et fleurets	3	6
fleuret ou filoselle, crud, et bourre de soie cardée		82
cocons et bourre de soie de toute sorte	(B)	
Soldanelle ou Choux de mer	3	6
Son	(B)	
Sorbec	36	72
Souchet ou Cyperus de toute sorte	2	4
Soudes	(B)	
Soufflets. (à Mercerie.)		
Soufre brut ou vif	(B)	
en canons	2	4
Spalt	(B)	
Spica celtica ou Nard celtique	6	12
Spicanardi ou Nard indien	20	40
Spode	4	8
Squænante ou Pailles de squenante	20	40
Squine ou Esquine	6	12
Staphisaigre	3	6
Stecas ou Sticade	3	6
Stil de grains	12	24
Stockvisch, pendant la guerre. (*Loi du 22 ventose an 12.*).	8	
Storax calamite	20	40
liquide	6	12
rouge et en pain	8	16
Stuc	(B)	
Sublimé doux et corrosif	30	60
Sucre brut. (*Loi du 30 avril 1806.*)	55 au net.	
tête et terré. (*Même loi.*)	100 idem.	
rafiné. (*Loi du 8 floréal an 11.* (Prohibé.)		
Suie de cheminée	(B)	
Suifs	(B)	
Sumac	(B)	

(Les soies grèzes, doubles ou doupions, ouvrées, teintes, fleuret, etc. : la l. net.)

T.

Tabac en feuilles (*Loi du 30 avril 1806*) au net :
Par bâtimens étrangers et par terre
Par bâtimens français

Désignation	fr.	c.
Tabac en côtes (*Décision du 12 frimaire an 6.*) (Comme Tabac en feuilles.)		
Tabac fabriqué, même celui en cigarre. (Prohibé.)		
Tableaux sans bordure	(B.)	
à cadres ou bordures, et sous verres, sur l'estimation seulement des cadres ou bordures, et des verres. (*Lettre du 24 fructidor an 13.*)	15 p. 0/0 de la val.	
Tabletterie. (Prohibée.)		
Talc	(B.)	
de Moscovie ou Mica		
Tamarin. (*Loi du 30 avril 1806.*)	20	
Tambours et tamis. (à Mercerie.)		
Tan	(B.)	
Tannesi ou Herbe aux vers	10	20
Tapisseries, excepté celles ci-après	244	80
façon d'Anvers et de Bruxelles	81	60
avec or et argent	489	60
peintes	91	80
de cuirs dorés. (Prohibées.)		
Tapis dits anglais. (Prohibés.)		
de laine	146	88
de fil et laine	102	
de soie ou mêlés de soie	306	
Tapsic noir et blanc	2	4
Tartre. (*Loi du 30 avril 1806.*)	6	
Terra-merita ou Curcuma		51
Terre d'ombre		
de Lemnos		
rouge		
rubrique	(B)	
moulard		
à pipe		
cimolée et sigillée		
verte	2	4
Thé, (*Loi du 30 avril 1806.*) de quelque pays qu'il vienne, savoir : celui dont la valeur sera au-dessous de 8 fr.	3 la livre net.	
Celui dont la valeur sera de 8 fr. et au-dessus	3 la livre net.	
Plus, pour ce dernier, un droit additionnel de	10 p. 0/0 de la val.	
Térébenthine commune	5	57
de Venise	15	30
Thymélée (racine de)	(B.)	
Thon mariné	91	80
Tire-bouchons. (à Mercerie.)		
Tilleul (écorce de)	(B.)	
Tissus de laine et fil teints (*Loi du 1er. août 1792.*)		

Désignation		c.
(Comme Rubans de fil teints.)		
Toile de chanvre ou de lin, écrue. (*Loi du 3 frimaire an 5.*)	51	
blanche. (*Idem.*)	61	20
Toile à voile. (Comme celle ci-dessus, suivant qu'elle est écrue ou blanche.)		
Toile préparée pour peindre. (c'est une toile grasse.) (Elle doit le droit de 10 fr. 20 centimes par cinq myriagrammes, que la loi de 1791 avait imposé sur les toiles à voiles grosses. (*Loi du 1er. août 1792.*)		
Toiles de coton ou de fil et et coton ; qu'elles soient blanches, teintes, peintes ou imprimées. (*Loi du 30 avril 1806.*) (Prohibées.)		
de pur fil, peintes ou teintes	275	40
à carreaux pour matelas	81	60
cirées de toutes sortes	40	80
gommées, treillis, bougrans, et autres toiles à chapeaux, noires ou d'autres couleurs	30	60
Toiles ajamis bleues du Levant. (*Décis. du 2 messidor an 5.*) (Comme Toile à chapeaux.)		
de crin. (V. Rapatelle.)		
de Nankin. (*Loi du 30 avril 1806.*)	30 par mètre.	
Tombac, Similor, ou Métal de prince et de Manheim, non-ouvré	15	30
ouvragé. (Prohibé.)		
Tormentille	2	4
Tourbe	(B.)	
Tournesol ou Maurelle en drapeaux	(B.)	
en pâte. (*Loi du 30 avril 1806.*)	10	
Tours d'horlogers. (*Décision du 22 nivose an 7.*) Comme omis au tarif	10 p. 0/0 de la val.	
Toutenague ou zinc	(B.)	
Tresses. (V. Rubans.)		
Tripoli. (V. Alana.)		
Truffes fraîches	36	72
sèches	20	40
Tuiles. (V. Briques.)		
Turbit	10	20
Tussilage ou Pas-d'âne	2	4
Tutie	2	4

	fr.	c.
U.		
Usnée	2	4
V.		
Vanille ou Badille	12	24 la liv. net.
Vélin	12	24
Velours de coton. (Prohibé.)		
Vendange et moût. Les deux tiers du droit dû sur le vin. (*Loi du 22 ventose an* 12.)		
Verd-de-gris sec et en poudre.	15	30
crystallisé	20	40
humide	6	12
Verd de vessie	20	40
de montagne	15	30
Verjus . . . . ,	6 le muid.	
Vermeil	20	40
Vermicelli. (V. Pâte.)		
Vermillon. (*Loi du 30 avril* 1806.)	100	.
Vernis de toutes sortes	40	80
Verre d'antimoine	8	16
cassé	(B.)	
de Moscovie	(B.)	
Verrerie, autre que les verres servant à la lunetterie et à l'horlogerie. (Prohibée.)		
Verres en bouteilles pleines. (*Loi du 30 avril* 1806)	12 le 100 en nomb.	
Vez-cabouli	6	12
Vinaigre. (*Loi du 30 avril* 1806)	10 le litre.	
Vins de liqueur, tels que ceux de Malaga, Pakaret, Kérès, Rota, Alicante, Constance, du Cap, de Madère, de Tokai et autres, soit qu'ils entrent en futailles ou en bouteilles. (*Loi du 30 avril* 1806.)	1 le litre.	
Le vin de Pedro-Ximénès, quoique faisant partie des vins de liqueur, ne paiera à la douane d'Anvers, que comme vin ordinaire. (*Décision du 5 frimaire an* 14.)		
Vins ordinaires, de quelque pays qu'ils viennent. (*Loi du 30 avril* 1806.)	25 par litre.	
Viorne ou Hardeau (feuilles et baies de)	2	4
Vipères vivantes et sèches	5 le 0/0 en nombre.	
Vitriol blanc	15	30
bleu (V. Couperose.)		
de Chypre. (*Loi du 1er. août* 1792.) (Comme		

	fr.	c.
Couperose ou Vitriol bleu.)		
rubifié. (V. Calcantum.)		
Voitures vieilles ou neuves, montées ou non montées, excepté celles servant aux voyageurs. (Prohibées.)		
Volailles	(B.)	
Volans. (à Mercerie.)		
Vrilles (à Quincaillerie.)		
Vulnéraires (herbes)	4	
Z.		
Zédoaire ou Citouard	18	36

Objets omis au tarif d'entrée.

Ils doivent, ceux qui ont reçu quelque main-d'œuvre, dix pour cent de la valeur. Ceux non-ouvrés, trois pour cent. (*Article* 5 *du titre I de la loi du 22 août* 1791.)

Tare à déduire pour percevoir les droits sur ce qui est tarifé au poids net.

Toutes les marchandises paient les droits au poids brut, à l'exception de celles ci-après, lesquelles acquitteront au poids net. (*Loi du 22 août* 1791 , *titre I, article* 3.)

S A V O I R :

Dentelles. — Drogueries et épiceries, dont le droit excède 40 fr. 80 c. par quintal. — Ouvrages de soie, or et argent, et tabac. (*Même article* 3.)

Plumes apprêtées et soies. (*Loi du 1er. août* 1792, *art.* 9.) Sucres, café, cacao et poivre. (*Loi du 8 floréal an* 11.) Coton en laine. (*Décision du 9 avril* 1806.)

La tare est de 15 pour 0/0, sur les sucres bruts en futailles.

De 12 pour 0/0, pour les sucres têtes et terrés, le café, le cacao et le poivre, aussi en futailles.

De 5 pour 0/0 sur les cafés, cacao et poivre en sacs.

De 12 pour cent sur le tabac en boucauds, et les drogueries et épiceries ; de 2 pour cent sur les mêmes objets en paniers ou en sacs.

De 6 pour 0/0 sur les cotons en laine en ballots, et de 8 sur les ballotins au-dessous du poids de 100 lb. (*Décision de S. M. l'Empereur, du 9 avril* 1806.)

A l'égard des ouvrages de soie, or et argent, de la soie, des dentelles et des plumes apprêtées, la perception en sera faite sur la déclaration au poids net, sauf la vérification de la part des préposés.

Lorsque des marchandises sujettes aux droits, au poids net ou à la valeur, se trouvent dans les mêmes

f

balles, caisses ou futailles, avec d'autres marchandises qui doivent les droits au poids brut, la totalité desdites caisses, balles ou futailles, acquitte au poids brut. (*Loi du 22 août 1791.*)

Toute marchandise qui, étant tarifée au brut, est dans une double futaille, ne doit les droits que déduction faite du poids de la futaille qui lui sert d'une seconde enveloppe. (*Loi du 1er. août 1792, art. 9.*)

Dans le cas où une balle ou futaille contient des marchandises assujéties à des droits différens, le brut de la balle ou de la futaille doit être réparti sur chacune des espèces qui y sont contenues, dans la proportion de leurs quantités respectives. (*Même article.*)

PROHIBITIONS A L'ENTRÉE.

Les articles grevés de prohibition absolue à l'entrée, sont rangés au tarif par ordre alphabétique.

Prohibition à défaut de certificat d'origine.

Tous objets de fabrique étrangère dont l'entrée est permise, ne sont admis dans l'intérieur de l'empire, qu'autant qu'ils sont accompagnés de certificats d'origine, conformément à la loi du 1er. mars 1793. (*Loi du 10 brumaire an 5, art. 13.*)

Les objets de fabrique de l'Inde, ne peuvent être importés qu'autant qu'ils sont accompagnés de certificats délivrés par les compagnies hollandaises ou danoises, visés par les consuls de France, constatant que ces objets proviennent du commerce de ces compagnies. (*Même article.*)

Les tableaux sont admissibles, quelle qu'en soit l'origine. (*Lettre du Ministre de l'intérieur du 5 fructidor an 11.*)

Prohibition d'entrée par quelques bureaux de terre.

On ne peut admettre par des bureaux de terre non placés sur les grandes routes :

Plus de cinq livres métriques pesant de drogueries et épiceries ;

Plus de vingt-cinq livres aussi métriques, de toile de lin et de chanvre, blanche ou écrue, de basins de fil, bougrans et treillis ;

Des soies et filoselles, telle modique qu'en soit la quantité ;

Des siamoises, des batistes et des linons.

Restriction d'entrée pour certaines fabrications.

Les toiles peintes ou teintes de pur fil, ne peuvent

entrer par terre, que par les bureaux de Bourg-Libre, Verrières-de-Joux, Versoix et Verceil.

Par le Rhin, que par Cologne, Coblentz, Mayence et Strasbourg.

Par mer, que par les ports d'entrepôt réel ou fictif dont Gênes fait partie.

Les fils de coton, que par Anvers, Cologne, Mayence, Strasbourg, Bourg-Libre et Versoix. (*Loi du 30 avril 1806, art. 4.*)

Pour les tabacs en feuille, voyez *Tabacs.*

Prohibition de ce qui vient des ports de la Grande-Bretagne, et des denrées coloniales anglaises.

Aucun bâtiment expédié des ports d'Angleterre, ou qui y aura touché, ne sera reçu dans les ports de France. (*Loi du 22 ventose an 12, art. 19.*)

Pourront être exceptés de cette disposition, les bâtimens neutres qui auront été forcés de relâcher en Angleterre, à la charge de subir un examen préalable de leurs papiers de bord et de leur cargaison, et d'obtenir une décision du directeur-général des douanes, approuvée par le ministre de l'intérieur. (*Art. 20.*)

Il ne sera reçu dans les ports français aucune denrée coloniale provenant des colonies anglaises, ni aucune marchandise venant directement d'Angleterre. En conséquence, toute denrée et marchandise provenant de fabrique ou de colonie anglaise, sera confisquée. (*Art. 14.*)

Pour assurer l'effet de cette prohibition, tout bâtiment neutre destiné pour un port de France, doit être muni d'un certificat délivré par le commissaire français des relations commerciales au port d'embarquement, portant le nom du vaisseau, celui du capitaine, la nature de la cargaison, le nombre d'hommes d'équipage, la destination du bâtiment ; que le commissaire a vu le chargement s'opérer sous ses yeux, et que les marchandises ne sont point de fabrique anglaise, et ne proviennent ni de l'Angleterre ni de ses colonies. (*Art. 15.*)

Un double de cette déclaration doit être adressé au Ministre de l'intérieur par ce commissaire, le jour même du départ du bâtiment. (*Art. 15.*)

Les dispositions de cet art. 15 ont été confirmées par l'art. 1er du décret impérial du 30 ventose an 13, dont l'art. 2 porte, que toutes les denrées coloniales étrangères pour lesquelles on ne représentera pas lesdits certificats, quand même elles viendraient des ports où Sa Majesté n'a point de commissaire, seront saisies et confisquées.

S'il s'agit d'autres marchandises que des denrées coloniales, le capitaine qui, par oubli de forme ou par changement de destination, ne se trouvera pas muni de la déclaration prescrite, ne sera admis qu'à condition de charger en retour, en produits de manufactures françaises, pour une valeur égale à celle de sa cargaison. (*Loi du 22 ventose an 12.*)

Seront admises sans cette déclaration les marchandises venant sur des bâtimens partis d'un port neutre où la France n'a point de commissaire, quand elles seront du Levant, du cru du pays auquel appartient le bâtiment, ou consisteront en productions du Nord ; mais on ne pourra recevoir les marchandises coloniales de l'Inde, ou anglaises. (*Art.* 17 et 18.)

Les états des cargaisons admises sous la condition d'en réexporter la valeur en produits des manufactures françaises, et ceux des marchandises chargées en retour, sont adressés par le directeur des douanes au préfet du département, qui délivre aux capitaines des navires le permis de sortir du port. (*Art.* 16.)

L'exportation peut être effectuée par terre, par les bureaux ouverts au transit des denrées coloniales. (*Décision du 7 vendémiaire an 12.*

SORTIE.

PROHIBITIONS ET DROITS.

Nota. Le droit énoncé se perçoit par quintal décimal, quand il n'est pas exprimé qu'il est dû au kilogramme (qui est la livre métrique), au nombre, par tête ou pièce, ou à la valeur ; au brut, quand il n'est pas spécifié que c'est au net : à ce droit il faut ajouter le décime par franc.

A.

	f.	c.
Acier et fer, et ouvrages uniquement composés de ces deux matières. (*Loi du 9 floréal an 7.*)		50 le q. déc.
Alun, par le département de la Roër. (*Loi du 24 nivose an 5.*)	1	2
Par les autres départemens. (*Idem.*)	2	4
Amidon et Poudre à poudrer, par la ligne de terre, tant du côté de l'Allemagne, de la Batavie, de l'Helvétie, que du côté de l'Italie et de l'Espagne, à la destination des pays neutres ou amis de la France. (*Lettre du Ministre de l'Intérieur du 14 mars 1806.*)	2	4
autrement. (Prohibés.)		
Amurca ou Marc d'olive. . . .	1	2
Anes et ânesses.		25 par tête.
Ardoises, par les départemens		

	fr.	c.
réunis correspondant à ceux du Nord et des Ardennes. (*Loi du 1er. août 1792.*) . . .	1 le mil. en n.	
Armes, dans quelque état qu'elles soient, quelques ornemens qu'elles aient reçus, en un mot, toute espèce de fusils et pistolets : (excepté les armes de luxe de la fabrique de Liége, dont le calibre n'excède pas 22 à la livre. (Prohibées.)		
Cette prohibition s'étend aux fusils à vent. (*Lettre du ministre de la guerre, du 20 fructidor an 13.*)		
Les fusils dits de traite, ne peuvent sortir, jusqu'à la paix générale, sans une autorisation du ministre de la guerre. (*Loi du 30 avril 1806.*)		
Armes de luxe non comprises dans cette prohibition. (*Loi du 30 avril 1806.*)	5 p. 8 de la val.	

SORTIE.

fr.   c.

B.

Beurres. (*Loi du 22 ventose an 12.*) (Prohibés.)

Bœufs, pour l'Espagne, la partie de la Suisse qui confine au ci-devant département du Mont-Terrible, et par les départemens de la 2.ᵉ division militaire. (*Loi du 30 avril 1806.*) . . . .   12 par tête.
A toute autre destination. (Prohibés.)

Bois merrain. (Prohibé.)
à brûler et de construction navale ou civile, excepté ceux ci-après. (*Loi du 22 ventose an 12.*) (Prohib.)
de pin et sapin des départemens frontières d'Espagne, (*Même loi du 22 ventose an 12.*)
en planches :
Les planches, poutres et solives de 10 pieds et au-dessous, savoir;
Les planches   6   25 le mil. en n.
Les poutres . . . .   13 la pièce.
Les solives . . . .   5 la pièce.
Les autres . . . .   5 p. 0/0 de la val.
(Le tout, à condition de sortir par les ports depuis Bordeaux jusqu'à St.-Jean-de-Luz, et par le port de Vendres; *même loi.*)
des rives du Rhin, de la Lys et de l'Escaut. (*Loi du 22 ventose an 12.*) . . .   5 p. 0/0 de la val.
en planches ou autrement ouvrés, ne pouvant servir à la construction navale, sortant des départemens des Vosges, des Deux-Nèthes, de la Meuse-Inférieure, de l'Ourthe, des Forêts et de la Moselle, de la vallée de Lucelle, du canton de Gex et du Mont-Blanc. (*Loi du 24 nivose an 5.*)   5 p. 0/0 de la val.
à la peignée, depuis St.-Gingolph jusqu'à Thonon, inclusivement. (*Id.*)   5 p. 0/0 de la val.
de marqueterie, de tabletterie, de buis, d'éclisses, feuillards. (*Loi du 19 thermidor an 4.*) . . . .   4 p. 0/0 de la val.
Bois de teinture non moulus.

fr.   c.

(*Loi du 24 nivose an 5.*)   4 p. 0/0 de la val.
Bois moulus. (*Loi du 1ᵉʳ. pluviose an 13.*) Le droit de balance.
Bonneterie. (*Loi du 24 nivose an 5.*)   1   2
Bourre ou ploc de toutes sortes   4   8
rouge et autres à faire lit . . .   6   12
nolisse   6   12
toutisse   8   16
de chèvre et de laine   12   24
Brai et goudron; par navire français et par terre. (*Loi du 30 avril 1806.*)   1
Par navire étranger. (*Même loi.*)   2
Brou ou Écorce de noix   3   6

C.

Caillou à faïence ou porcelaine. (*Loi du 1ᵉʳ. août 1792.*) . . .   51
Caractères d'imprimerie. (*Décision du 12 germinal an 7.*).   .4   8
Cartons gris ou pâtes de papier et cartons en feuilles, autres que ceux ci-après. (Proh.)
Cartons fins à presser les draps. (*Loi du 22 ventose an 12.*).   1 p. 0/0 de la val.
Cendres de toute sorte, même celles d'orfèvre lessivées. (Prohibées.)
Chairs salées. (V. Viandes salées.)
Chandelles. (*Loi du 24 nivose an 5.*)   2   55
Chanvres, même ceux provenant des départemens du Rhin. (*Loi du 22 ventose an 12.*) (Prohibés.)
Chapeaux de poil et laine. (*Loi du 24 nivose an 5.*) . . . .   5 la pièce.
Charbon de bois, sauf les exceptions ci-après. (Prohibé.)
Par les Deux-Nèthes, la Meuse-Inférieure, la vallée de Lucelle et le pays de Gex. (*Loi du 19 thermidor an 4.*) . . . .   5 p. 0/0 de la val.
Par les départemens qui avoisinent le Rhin. (*Loi du 30 avril 1806.*) . . . .   20 p. 0/0 de la val.
Charbon de terre ou Houille, par l'Escaut ou par mer, le tonneau de mer de 10 quintaux 77 livres. (*Loi du 24 nivose an 5.*)   75
Par terre. (*Idem.*)   1   2 le mil. pes.

	fr.	c.
Celui du pays de Nassau. (*Lettres des 29 frimaire et 3 ventose an 7*).....		10 le mil. pes.
Chardons à drapiers et bonnetiers....................	6	12
Chaux. (*Loi du 30 avril 1806.*)		15
Chevaux, jumens et poulains. (Prohibés.)		
Chèvres. (Prohibées.)		
Chocolat. (*Loi du 24 nivose an 5.*)....................		51
Cire blanche. (1) (*Idem.*)....	1	2
jaune. (*Idem.*).........	10	20
Cloches. (*Lettre du 15 nivose an 9.*)....................	1	2
Clouterie, en fer et acier seulement. (*Loi du 9 floréal an 7.*)....................		50
Cochenille. (*Loi du 24 nivose an 5.*)....................	1	2
Cochons (*Loi du 30 avril 1806.*)	3 par tête.	
Cordages usés. (Prohibés.)		
Cornes de bœufs, de vaches, cerfs, snacks, moutons, béliers, et autres communes..	1	2
Côtes de feuilles de tabac. (*Loi du 30 avril 1806.*)...	1	50
Cotons en laine. (*Loi du 22 ventose an 12.*)........	1	
Cotons filés. (*Loi du 1er. pluviose an 13.*) Le droit de balance.		
Couperose. (*Loi du 19 thermidor an 4.*)..............	4	8
Couvertures de laine. (*Circulaire du 22 messidor an 8.*) (Comme Étoffes.)		
Cuirs en vert. (Prohibés.)		
secs en poil. (Prohibés.) Ceux venus de l'étranger peuvent être réexportés dans les six mois de l'arrivée, en payant. (*Loi du 24 nivose an 5.*)........		10 par cuir.
Cuirs tannés non corroyés, quand ils sont susceptibles de l'être. (*Loi du 22 ventose an 12.*) (Prohibés.) La tannerie imprimant à ceux forts de bœuf et de vache, toute la main-d'œuvre qui leur convient, la sortie en est permise, quoiqu'ils ne pèsent que 21 liv. poids de marc, la pièce.		

	fr.	c.
(*Lettres du Ministre de l'intérieur des 5 fructidor an 11, 18 vendémiaire an 12, et 5 pluviose an 13.*) Ceux destinés à la reliure des livres peuvent également sortir. (*Lettre du Ministre de l'intérieur du 7 messidor an 12.*)		
Cuivre non ouvré. (Prohibé.)		
ouvré. (*Loi du 24 nivose an 5.*)........	4	8
Ceux laminés pour doublage de vaisseaux, et à fond de chaudière ; les barres à cheville, les cloux de cuivre rouge durcis au gros marteau, les cloux de cuivre allié pour doublage et pentures de gouvernail, ne payent que le droit de balance ; le seul dû sur ce qui n'est pas compris dans ce tarif de sortie. (*Loi du 8 floréal an 11.*)		

D.

	fr.	c.
Derle ou Terre de porcelaine.	1	2
Drilles ou chiffes. (Prohibés.)		

E.

	fr.	c.
Eau-de-vie, 268 lit. $\frac{1}{10}$e. (le muid.) (*Loi du 19 thermidor an 4.*)....................		25
Écaille d'ablette............	4	8
Écorces à tan. (Prohibées.)		
de tilleul pour cordages...	8	16
Espèces. (V. Numéraire.) (Prohibées.)		
Essandoles. (*Loi du 1er. août 1792.*)....................	4 p. 0/0 de la val.	
Essence de térébenthine, et térébenthine en pâte. (*Loi du 24 nivose an 5.*)..........		51
Étain non ouvré. (Prohibé.)		
ouvré. (*Loi du 24 nivose an 5.*)...........	5	10
Étoffes. (*Loi du 24 nivose an 5.*)....................	1	2
Étoupes de chanvre. (*Circulaire du 23 germinal an 12.*) (Comme Chanvre.)		

---

(1) La bougie ne doit que le droit de balance. (*Lettre au directeur de Rouen, du 9 frimaire an 8.*)

SORTIE. fr. c.

F.

Farines. (Prohibées.)
Ferrailles ou vieux fers. (Prohibées.)
Fer-blanc. (*Loi du 24 nivose
an 5.*) 2 55
Fers en gueuse. (*Même loi.*) 5 10
Feuilles de myrte et autres,
propres à la teinture et aux
tanneries 20 40
Celles récoltées en Corse,
et nommées Mortina, à leur
sortie de Corse seulement,
(*Arrêté du 27 ventose an
11.*) 2
Fil de-fer. (*Loi du 9 floréal
an 7.*) 50
Fil de lin et de chanvre retors,
autre que de mulquinerie,
(*Loi du 19 thermidor an 4.*) 2 55
simple 20 40
de mulquinerie et de linon.
(Prohibé.)
Filets vieux. (Comme Matières
propres, etc.) (*Circulaire du
20 floréal an 10*) (Prohib.)
Fourrages. (Prohibés.)
Forces à tondre les draps.
(*Loi du 19 thermidor an 4.*) 5 la pièce.
Fouets. (*Même loi.*) (Comme
Harnais.)
Fromages. (*Loi du 30 avril
1806.*) 1
Fustet en feuilles ou branches. 2 4
Futailles vides ou en bottes.
(Prohibées.)

G.

Gants de peau. (V. Ouvrages.)
Gaude ou herbe à jaunir. (*Loi
du 22 ventose an 12.*) 10
Gommes. (*Loi du 19 thermidor an 4.*) 10 20
Goudron. (V. Brai.)
Graines grasses. (Prohibées.)
Graine d'Avignon ou graine
jaune, et grainette d'usage
en teinture 10 20
de jardin. (*Loi du 1er.
août 1792.*) 3 6
de mil ou millet. (*Let-
tre du Ministre des
finances, du 27 ven-
démiaire an 7.*) Le
même droit.
de trèfle. (*Loi du 30*

avril 1806.*) 8
Grains de toute sorte; même
la graine de Vesce, nommée
aussi Jarosse. (*Décision du
2 complémentaire an 7*)
(Prohibés.)
Graisses. (Excepté celle d'As-
phalte; *Lettre du ministre
de l'intérieur, du 6 ventose
an 5.*) (Prohibées.)
Gravelle ou Tartre de vin.... 7 14
Grenadier (Écorce de) 2 55
Groisil, autrement Verre cassé.
(Prohibé.)
Gyps, (V. Matières, etc.)

H.

Harnais de luxe. (*Loi du 24
nivose an 5.*) .... ½ p. ⅖ de la val.
Herbe à jaunir. (V. Gaude.)
de maroquin 3 6
Herbes propres à la teinture,
non-dénommées dans le cha-
pitre des droits d'entrée, et
dans celui des droits de sortie 10 20
Houate de coton. (*Loi du 1er.
pluviose an 13.*) Le droit de
balance.
Houblon. (*Arrêté du 9 frimaire an 9.*) (Prohibé.)
Houille. (Voyez Charbon de
terre.)
Huiles de graines, par les départemens réunis, et par les
frontières de terre. (*Loi du
24 nivose an 5.*) 2 55
Par les départemens qui bor-
dent le Rhin. (*Décision
du 16 fructidor an 7.*) Le
même droit.
Par les autres départemens.
(*Loi du 19 thermidor an
4.*) 6 12
Huile de noix (*Idem.*) 6 12
de faine. (*Idem.*) 6 12
d'olive et d'amande.
(*Idem.*) 10 20
de poisson. (*Loi du 8
floréal an 11.*) 2 50
Huîtres fraîches .... 50 le m. en n.

L.

Laines filées, propres à tapis-
series. (*Loi du 19 thermidor
an 4.*) 20 40
filées, d'autre sorte. (*Id.*) 51

fr. c.

Laines non filées. (Prohib.)
à l'exception de celles ve-
nues de l'étranger, par mer,
qui à leur arrivée auront été
effectivement entreposées,
et rétrograderont par la même voie à l'étranger : (*Loi
du 30 avril* 1806.) elles paieront.................. 2 4

Laiton non ouvré. (Prohibé.)
ouvré, autrement qu'en
planches. (*Loi du 24
nivose an 5*)........ 4 8

Légumes secs de toute sorte.
(Prohibés.)
verds et jardinage. (*Loi
du 24 nivose an 5*)... 20

Lie de vin.............. 2 4

Liége en planche. (*Loi du 30
avril* 1806.)............ 4

Lin, même peigné. (Prohibé.)

Linge vieux. (Comme Matière
propre, etc.) (Prohibé.)

M.

Malherbe, herbe pour la teinture................. 2 4

Marrons et châtaignes. (*Lettre du Ministre de l'intérieur du 16 vendémiaire an
9.*) (Prohibés.) excepté par
le Doubs, le Jura et la Sé-
sia.

Matelas composés de laine.
(Comme Laines non filées.)
(Prohibés.)

Matières d'or et d'argent. (V.
Numéraire.)

Matières servant à l'engrais des
terres, telles que fumier,
colombine, clapons, cornes
rapées et autres, à l'exception du gyps, par le Doubs,
du plâtre et de la terre de
Marne. (Prohibées.) (V.
Plâtre et Terre de Marne.)

Matières propres à la fabrication du papier et de la colle :
même les chiffons de toile
de coton et de laine (*Loi du
1er. pluviose an* 13); et les
papiers vieux. (*Lettre du 26
thermidor suivant* (Prohib.)

Mâts et pièces de rechange,
en justifiant par les capitaines
étrangers, du besoin et des
causes qui le déterminent.
(*Décision du 7 nivose an 11.*) 5 p. ⁰⁄₀ de la val.

Mélasse. (*Loi du 24 nivose an 5.*) 2 55
Celles provenant des sucres
raffinés en France doi-
vent seulement le droit
de balance. (*Décision
du 28 fructidor an 8.*)

Mercerie. (*Loi du 24 nivose
an 5.*)............... 1 2
uniquement de fer et d'a-
cier. (*Loi du 9 floréal
an 7.*)............... 50

Métal de cloche, comme composé de cuivre ou étain. (*Décision du 27 vendémiaire an
6.*) (Prohibé.) (V. Cloches.)

Métiers pour les fabriques ; ce
qui doit s'entendre des métiers composés, tels que ceux
à faire bas, et non des instrumens simples, tels que les
laminoirs. (*Décisions des 29
frimaire an 7 et 22 prairial
an 11*) (Prohibés.)

Meules de moulin. (*Loi du 8
floréal an 11.*)
Au-dessus de 1 m. 949 mil. 30
Au-dessous de 1 m. 949 mil.
à 1 mèt. 297 millim.... 20 } la pièce.
Au-dessous de 1 m. 297 mil. 10

Meules de moulin provenant
des carrières situées dans les
environs d'Andernach, dé-
partement de Rhin-et-Mo-
selle, payent, à leur exportation par le Rhin (*Loi du
1er pluviose an* 13); savoir :
Celles de 1 m. 297 millim.
et au-dessus.......... 10 p. ⁰⁄₀ de la valeur.
Celles au-dessous de 1 mèt.
297 millim........... 5 p. ⁰⁄₀ de la valeur.

Miel. (*Loi du 30 avril* 1806.) 5

Mine de fer, brute et lavée.
(Prohibée.)

Mines métalliques de toute autre sorte, et non la manganèse. (*Décision du 2 fruc-
tido an 4*) (Prohibées.)

Mine de plomb, et non le mi-
nium. (Prohibée.)

Montres, même avec leurs
mouvemens, ne doivent que
le droit de balance, mais si
les boites de montre sont
exportées isolément, elles
doivent comme ouvrages
d'orfévrerie. (*Lettre du 11
avril* 1806.)

Mousselines. *Loi du 24 nivose
an 5.*)................ 1 2

SORTIE.

                fr.   c.

Moutons , dépouillés de leur laine , (excepté les mérinos ou métis, qui sont prohibés.) (*Loi du 30 avril 1806.*)....   1 par tête.

Mules et mulets. (*Même loi.*)   10 par tête.

Munitions de guerre. (Prohibées.)

Munitions navales , sauf les exceptions ci-après. (Prohibées.)

    brais et goudrons. (V. Brai.)

    planches de pin. (V. Bois de pin.)

    mâts et pièces de rechange. (V. Mâts.)

N.

Navires. (Prohibés.)

    Ceux marchands , construits pour le compte espagnol. (1) (*Loi du 8 floréal an 11*)   15 par tonneau.

Nerfs de bœufs et autres animaux....................   9   18

Numéraire, y compris les piastres et matières d'or et d'argent non-ouvrées. (*Arrêtés des 21 et 23 ventose an 11.*) (Prohibé.)

O.

Œufs, par mer. (*Arrêté du 8 pluviose an 10.*) (Prohibés.)

Oreillons. (Comme Matières propres , etc.) (Prohibés.)

Os de bœufs, vaches et autres animaux................   1   2

Ouvrages de bijouterie. (2) (*Loi du 24 nivose an 5.*)   ½ p. 0/0 de la val.

    d'orfévrerie. (*Item.*).....   1 p. 0/0 de la valeur.

    en cuir, en maroquin et peaux maroquinées, et en souliers de femme. (*Id.*)   ¼ p. 0/0 de la val.

    en peaux , consistant en culottes , vestes , gilets , et gants. (*Idem.*)........   1   2 le quint.

---

(1) L'autorisation du ministre de la marine doit précéder. (*Circulaire du 7 prairial an 11.*)

(2) Les diamans et pierreries devant seulement 15 centimes par 100 fr. de valeur, le ½ pour 0/0 n'est exigible que sur la valeur de la monture (*Décision du 12 brumaire an 6.*) Par ouvrages de bijouterie , on ne doit entendre que ceux dans la composition desquels les métaux précieux entrent comme matière principale. Ainsi, les candelabres , vases et ornemens de cheminée , composés de bronze , cuivre doré, etc., ni les piedestaux dorés qui ornent les pendules, n'appartiennent pas à cette classe. Les bronzes ne doivent que 1 fr. 2 c.; les autres objets, que le droit de balance. (*Lettre au directeur de Rouen , du 4e complémentaire an 5.*)

                fr.   c.

en bronze. (*Idem.*)........   1   2

en acier et fer. (*Loi du 9 floréal an 7.*)   50

P.

Pain. (Prohibé.)

Pains ou tourteaux de navette, oliette, rabette, lin, chenevis et colza. (*Loi du 22 ventose an 12.*)...........   4

Papier ordinaire. (*Loi du 24 nivose an 5.*)...........   1 p. 0/0 de la valeur

Papier fin et papier mousse, à cartier et aux trois lunes. (*Même Loi*)..............   ½ p. 0/0 de la val.

Papiers vieux. (Comme Matières propres , etc.) (Prohibés)

Parchemin brut. (*Décision du Ministre de l'Intérieur du 11 floreal an 12*) (Prohibé.)

Parchemin neuf, autre qu'en bandes..................   12   24

Passementerie. (*Loi du 24 nivose an 5.*).............   1   2

Peaux de castor et autres, non désignées au tarif de sortie. (excepté celles de chiens de mer, quoique non ouvrées; *décision du ministre de l'intérieur du 9 thermidor an 5.*) (Prohibées.)

    de chevreuils en poil. (*Décision du 7 nivose an 14.* (Prohibées.)

    de lièvres et de lapins , crues. (Prohibées.)

    de loutre et peaux sauvagines non apprêtées. (*Loi du 24 nivose an 5.*) ....   2 et ½ p. 0/0 de la v.

    passées en blanc ou mégie, bronzées ou chamoisées. (*Même loi.*) ......   1 p. 0/0 de la val.

Pennes de coton. (*Lettre du ministre de l'intérieur , du 21 mars 1816.*)   1 le quintal.

    de laine et de fil. (Prohibées.)

Piastres. (V. Numéraire.)

Pierres à fusil et pierres à feu de toute espèce. (Prohibées.)

Planches de pin. (V. Bois de pin.)

Plâtre. (*Loi du 19 thermidor an ..*)............   1 } les 15 quint. 65 liv. mét.

Ploc (V. Beurre.)

Plomb non ouvré , excepté des mines de Poullaouen. qui d'après un arrêté du 9 thermidor an 10 , peuvent sortir par Morlaix en payant le droit de balance. (Prohibé.)

Plomb ouvré. (*Loi du 24 nivose an 5.*)   5   1●

Poil en masse et non filé, de lapin, lièvre, castor, chameau, chèvre, bouc et chevreau. (Prohibé.)

de chien, même filé. (P.)

Poisson frais. (*Loi du 24 nivose an 5.*) . . . .   néant.

de toute autre sorte, exporté par terre. (*Loi du 24 nivose an 5.*)   1   2

par mer. (*Loi du 2 nivose an 7.*) Même droit.

Pommes de terre. (*Décision du 7 pluviose an 8*) (Prohibées.)

Potasse. (Prohibée.)

Poudre, autre que de chasse. (1) (Prohibée.)

Poudre à poudrer. (*Voyez Amidon.*)

Q.

Quincaillerie. (*Loi du 24 nivose an 5.*)   1   2

R.

Récoltes , comprenant les grains , légumes secs et fourragés. (Prohibées.)

Redoul ou Rodoul (feuilles de)   1   53

Résine du crû français. (*Loi du 8 floréal an 11.*) (Comme Brai.)

Riz, par la 27e. division militaire. (*Loi du 30 avril 1806.*)   3

Rubans. (*Loi du 24 nivose an 5.*) . . . . ●.   1   2

S.

Salins. (Prohibés.)

Salpêtre. (Prohibé.)

Selles de luxe. (*Loi du 24 nivose an 5.*) . . . .   ½ p. ⁰∕⁰ de la val.

---

(1) Celle de chasse, accompagnée du passeport des administrateurs des poudres et salpêtres, peut sortir. (*Avis du ministre de la guerre, transmis par celui des finances, du 18 brumaire an 11.*)

Soies , autres que celles à coudre, même celle dite *Costa di Doppione*. (Prohibées.)

Soies teintes et plates, propres à faire de la tapisserie. (*Décret du 23 germinal an 13.*) (Prohibées.)

Soies cuites, propres au même usage. (*Loi du 19 thermidor an 4.*)   1   2 la liv. net.

Soies à coudre , grenadine , rondelette et mi-perlée , le poids de chaque écheveau n'excédant pas 3 décagram. (*Loi du 8 floréal an 11.*) . .   10 la liv. net.

Soies des départemens du ci-devant Piémont peuvent , d'après la loi du 30 avril 1806 , passer à l'étranger, en payant , par kilogramme, savoir :

	SORTANT PAR	
	LYON.	VERCEIL ET GÊNES.
	fr. c.	fr. c.
Soies ouvrées en poil, trame , organsin et à coudre , écrues.....	3	4
Rondelettes ou trames de doupion écrues..	1	1 50
Fleuret et filoselle, ou bourre de soie cardée...............	15	20
Bourre de soie non-cardée...............	1	1 50
Moresques ou restes de soie...........	20	25
Côte de Doupion....	10	15
A coudre, teintes...	10	15

Nota. Les soies ouvrées en poil, trame, organsin, et à coudre , écrues , ainsi que celles rondelettes ou trames de doupion écrues doivent, quelle que soit leur destination, être conduites à la douane de Turin, pour y être vérifiées.

Celles sortant par Nice, Gênes, Verceil et St.-Remy, seront expédiées par l'un de ces bureaux, après avoir acquitté les droits à Turin.

Celles destinées à passer à l'étranger par les bureaux de Cologne, Mayence, Strasbourg et Versoix, les seuls restés ouverts à la sortie du côté de l'ancienne France , seront expédiées de Turin par acquit-à-caution pour la douane de Lyon, où les droits seront acquittés, et les soies expédiées pour l'un desdits bureaux.

Les fleurets et filoselle ou bourre de soie cardée,

SORTIE. la bourre de soie non cardée, et les trois autres espèces suivantes, peuvent sortir par Nice, Gênes, St.-Remy et Verceil, sans passer à Turin ou Lyon.

Cocons continuent d'être prohibés. (*Loi du 3o avril* 1806.)

Soufre. (*Loi du 24 nivose an 5.*) 1 2

Sucre raffiné pour lequel on veut jouir de la prime. (V. Remboursement, page 31.)

Suifs. (Prohibés.)

Sumac. (*Loi du 19 thermidor an 4.*) 10 20

T.

Tabac indigène en feuilles. (*Loi du 5 ventose an 12.*) .. 7

Tabac fabriqué. (*Loi du 24 nivose an 5*) 51

Terre de Marne. (*Loi du 19 thermidor an 4.*) La charretée de deux milliers mét. pesant 15

Terres des monnaies. (*Loi du 8 floréal an 11.*) (Prohibées.)

Terre de pipe. (*Loi du 19 thermidor an 4.*) Le lest du poids de deux milliers mét. 10 20

Toiles, même de linon. (*Loi du 24 nivose an 5.*) 1 2

Celles à voiles conservent la faculté de sortir, nonobstant la guerre maritime. (*Avis des Ministres de l'Intérieur et de la Marine, du 9 brumaire an 12.*)

Pour celles de coton imprimées dont le droit perçu à leur entrée en blanc, est remboursable. (V. Remboursement, page 31.)

Tournesol ou Morelle en drapeaux 2 55

Tourteaux. (V. Pains.)

Toutenague ou Zinc. (*Décision du 8 pluviose an 9.*) (Proh.)

V.

Vaches. (*Loi du 3o avril* 1806.) 5 par tête.

Veaux. (*Même loi*) .... 1 Idem.

Vendanges et le moût, par la 27e division. (*Loi du 3o avril* 1806.) Les deux tiers du droit sur le vin.

Cette disposition est appli-

fr. c.

cable aux autres frontières.

Vermicelli. (*Loi du 24 nivose an 5.*) 2 55

Viandes fraîches. (*Loi du 3o avril* 1806.) 3

Viandes salées pour l'Espagne. (*Même loi.*) 4

à toute autre destination, à l'exception des saucissons, dont la sortie est permise par décision du 8 prairial an 9.) (Prohibées.)

Vin, les 268 litres $\frac{1}{10}$, correspondant au muid de 288 pintes, ancienne mesure de Paris.

sortant par mer :

par Bayonne et St.-Jean-de Luz 1

par les rivières de Garonne et Dordogne, lorsque la valeur du tonneau excède 200 fr. ; le rouge 7

le blanc 4

par les mêmes rivières, lorsque la valeur du tonneau n'excède pas 200 fr. (*Loi du 24 nivose an 5.*) 2 5o

par la Charente-Inférieure et la Vendée ; le rouge.. 1

le blanc 5o

par la Loire-Inférieure

rouge et même blanc, autre que du crû de ce déparment 2

blanc, du crû de ce département 5o

par l'Océan, depuis la rivière de Villaine, inclusivement, jusqu'à Anvers aussi inclusivement 7

par les Bouches-du-Rhône, et le Var ....
les Alpes-Maritimes. (*Loi du 19 thermidor an 4.*)..
la Corse. (*Loi du 8 floréal an 11.*) .... } 1 5o

par l'Hérault et les Pyrénées orientales 2

A l'exportation par terre.

De Lillo près Anvers, à la ligne du Rhin 7

par le Haut et Bas-Rhin... 1 25

par les nouveaux départemens qui ont le Rhin pour limite. (*Arrêté du 5 fruc-*

SORTIE.

	fr.	c.
tidor an 6.) Le même droit.		
par le Doubs et le Jura....		5o
le Léman...............	1	
la 27ᵉ. division militaire.		
(*Loi du* 3o *avril* 1806.)..	1	5o
l'Arriège et les frontières		
d'Espagne............	1	5o
Vin muscat, par les mêmes		
départemens et les mêmes		
frontières............	6	

A l'exportation par mer ou par terre indistinctement.

Vin de liqueur de toute sorte..	6	
Vin en bouteilles ou en doubles		
futailles................	7	
Dans des futailles emballées		
ou à double fond. (*Loi du*		
1ᵉʳ. *août* 1792)..........	7	
Vinaigre , (comme le Vin , d'a-		
près les distinctions admises		
pour les bureaux de l'expor-		
tation.)		
Vinaigre de bière , par les dé-		
partemens correspondans à		
celui du Nord. (*Loi du* 1ᵉʳ.		
août 1792).............	2 le muid.	
Vitriol. (*Loi du* 19 *thermidor*		
an 4.).................	4	8

Z.

Zinc. (V. Toutenague.)

Objets non dénommés dans ce tableau.

Ils peuvent sortir en payant quinze centimes pour cent francs de valeur. (*Loi du* 24 *nivose an* 5.)

REMBOURSEMENT DES DROITS D'ENTRÉE.

Sur des objets exportés.

Il est accordé , pour l'exportation à l'étranger des toiles, bonneteries et autres ouvrages en coton , une prime de 5o fr. par quintal décimal , en justifiant qu'ils proviennent de fabrique française , et que le coton qui a servi à leur fabrication a payé le droit d'entrée de 6o fr. par quintal. (*Loi du* 3o *avril* 1806 , *article* 25.)

Sucres raffinés en France.

Le remboursement des droits acquittés sur les sucres dont ils sont composés, s'effectue au moyen d'une prime de 25 fr. par 5 myriagrammes dont jouissent les raffineurs sur ceux exportés à l'étranger. (*Loi du* 8 *floréal an* 11 , *art.* 17.)

Cette prime est due sur les sucres tapés en petits pains expédiés pour le Levant. (*Lettre du Ministre de l'intérieur du* 22 *prairial suivant.*)

Pour l'obtenir , il faut que l'exportation soit faite par un des ports ouverts à l'entrée des denrées de nos colonies, ou par Versoix, Bourg-Libre, Strasbourg, Mayence, Cologne, Sas-de-Gand, et Verceil. L'expédition doit être accompagnée d'un certificat du raffineur, duement légalisé. Ce certificat doit être envoyé avec celui de sortie à l'étranger , au directeur-général des douanes, pour ordonner le paiement de la prime sur une des caisses de recette des douanes. (*Même art.* 11.)

Savons exportés.

Ils jouissent du remboursement des trois-quarts des droits payés dans l'année sur les huiles entrées dans leur fabrication , en justifiant du paiement de ces droits. (*Loi du* 8 *floréal an* 11 , *art.* 3o.)

La quantité d'huile nécessaire à la fabrication d'un quintal de savon blanc , rouge ou marbré , est fixée à 75 liv. pesant. (*Décision du* 25 *brumaire* , *même année.*)

DENRÉES VENANT DES COLONIES FRANÇAISES.

Lᴇᴜʀ admission n'a lieu que par les ports de Nice, Toulon , Marseille , Cette , Bayonne , Bordeaux , Rochefort , la Rochelle , Nantes , Lorient , Brest , Morlaix , S.-Malo, Grandville , Cherbourg , Rouen , le Hàvre , Honfleur , Fécamp , Dieppe , S.-Valery-sur-Somme , Boulogne , Calais , Dunkerque , Ostende , Bruges et Anvers. (*Loi du* 8 *floréal an* 11 *art.* 12.) Gand. (*Loi du* 22 *ventose an* 12).

Elles ne peuvent être importées que par bâtimens français ; cependant il est permis momentanément de les faire venir sur des navires des puissances neutres ou alliées , sous la condition que les droits dus à l'entrée en France , seront payés par anticipation aux colonies , en sus des droits locaux de sortie. Les préposés chargés de la perception aux iles , en délivrent un certificat , indiquant les espèces , poids et quantités , en représentant dans le port d'arrivée en France , les pièces justificatives de l'origine et les quittances des droits perçus par anticipation ; le directeur-général donne l'ordre d'admettre ces denrées comme françaises. (*Décision du Gouvernement, transmise par le Ministre de la marine et des colonies, le 23 messidor an 11.*)

Le transport des denrées chargées aux îles pour les ports de France, doit s'effectuer directement. Celles qui ont été conduites par relâche forcée à l'étranger, ne sont reconnues françaises et traitées comme telles, qu'autant que l'on rapporte avec expédition de sortie des colonies, un certificat du commissaire des relations commerciales de France, au port de la relâche qui en constate les motifs, ainsi que l'identité des denrées réexpédiées, et que d'après l'ordre donné par le directeur-général sur le vu des pièces.

Les droits désignés au tarif sous le nom de droits d'entrée, doivent être acquittés à l'arrivée. (*Loi du 8 floréal an 11, art. 13.*)

Les denrées et productions assujéties au droit dit de consommation jouissent de la faculté de l'entrepôt, sous soumission cautionnée de réexporter, ou de payer le droit au moment où elles sortiront de l'entrepôt pour la consommation. (*art.* 14.)

La durée de l'entrepôt ne peut excéder le terme d'une année. (*Idem.*)

Ceux qui voudront entreposer les sept espèces dénommées, seront tenus de déclarer aux bureaux des douanes, avant la mise en entrepôt, les magasins où ils renfermeront leurs marchandises, et de faire leur soumission, de les représenter en même qualité et quantité toutes les fois qu'ils en seront requis, avec défense de les changer de magasin sans déclaration préalable et permis spécial de la douane, à peine de payer immédiatement les droits, en cas de mutation non autorisée, et du double droit dans le cas de soustraction absolue, indépendamment d'une amende qui pourra s'élever au double de la valeur de la marchandise soustraite. (*art.* 15.)

DROITS SUR CES DENRÉES.

	DROITS	
	D'ENTRÉE.	DE CONSOMMATION.
	fr.　c.	fr.　c.
Loi du 30 avril 1806.　Cacao.................................	6	169
Café..................................	6	119
Poivre................................		135
Sucre brut............................	3	42
tête et terré........................	4　50	75　50
Loi du 8 floréal an 11.　Confitures............................	1　50	14　50
Mélasses..............................	1　50	14　50

Pour la tare sur les cacao, café, poivre et sucre, voyez tare, page 21.

Espèces qui ne jouissent pas de l'entrepôt.

	DROITS D'ENTRÉE.	
	fr.	c.
Bois d'acajou. (*Loi du 30 avril 1806.*).........	20	
de marqueterie. (*Loi du 8 floréal an 11.*)...	10	
de Cayenne. (*Décision du 16 pluviose an 11.*)	10	
Casse. (*Loi du 8 floréal an 11.*)...............	6	
Cotons. (*Loi du 30 avril 1806.*)..............	60	au net.
Cuirs secs en poil. (*Loi du 8 floréal an 11.*)....		25 la pièce.
Écaille de tortue. (*Loi du 30 avril 1806.*)......	120	
Loi du 8 floréal an 11.　Gingembre................................	6	
Indigo................................	10	
Liqueurs..............................	1	le litre.
Rocou................................	4	
Tafia.................................	10	l'hectolitre.

Les productions non dénommées ci-dessus, qui seront justifiées provenir du crû de nos colonies, paieront moitié des droits imposés sur les mêmes objets venant de l'étranger. (*Loi de floréal*, art. 18.)

A défaut de la preuve du chargement dans lesdites colonies, ou s'il s'agit de marchandises que le commerce étranger a la faculté d'y introduire, la cargaison est traitée comme étrangère. (*Loi du 10 juillet 1791*, art. 32.)

Droit de sortie des colonies françaises.

Si à l'arrivée en France d'une production de nos colonies, il n'est pas justifié qu'elle ait acquitté ce droit local, on devra l'exiger, conformément à l'article 21 de la loi du 10 juillet 1791, qui porte que les capitaines venant desdites colonies, sont tenus de rapporter avec l'état de leur chargement, l'acquit des droits qu'ils ont payés à la sortie de ces colonies.

On ne peut indiquer la quotité de ces droits, qui sont différens pour chaque colonie, et éprouvent des variations fréquentes.

Productions des îles de France et de la Réunion, et de Mozambique.

Elles doivent être traitées comme celles venant de nos colonies d'Amérique; mais celles pour lesquelles on ne représente pas, lors de leur déclaration, des certificats des autorités administratives, attestant qu'elles proviennent du crû de ces colonies, sont traitées comme étrangères. (*Loi du 6 juillet 1791*, art. 17.)

Réexportation des sucres, cafés et cacao de nos colonies.

Elle peut avoir lieu par terre pendant l'année d'entrepôt, en sortant par l'un des bureaux de Béhobie, Ainhoa, Cologne, Mayence, Strasbourg, Bourg-Libre, Verrières-de-Joux, Jougnes, Versoix et Verceil. (*Loi de floréal an 11*, art. 52 et 53.)

Par Coblentz, pour ceux tirés de l'entrepôt d'Anvers. (*Décret du 9 vendémiaire an 13.*)

Le seul droit qu'acquittent ces denrées, auxquelles, pour le transit, on a ajouté les poivres, est celui dit de balance du commerce de 51 centimes par quintal métrique, ou 15 centimes par cent francs de valeur, à l'option du redevable. (*Circulaire du 19 mai 1806.*)

Les sucres, cafés et cacao de nos colonies, mis en entrepôt, peuvent également passer à l'étranger par mer, mais en payant par cinq myriagrammes, sans déduction du droit acquitté à l'arrivée, savoir, le sucre brut, 4 fr. 50 c.; le sucre tête et terré, 7 fr. 50 c.; le café, 6 fr.; le cacao, 7 fr.

Denrées coloniales étrangères.

Les droits auxquels elles sont sujettes seront payés à l'arrivée, à moins que les marchandises ne soient mises en entrepôt réel, qui ne pourra excéder un an. (*Loi du 8 floréal an 11*, art. 20.)

Lesdites denrées qui seront mises en entrepôt, ne devront à leur entrée que le droit de la balance du commerce; et en cas de réexportation, elles seront exemptes de tous droits à la sortie. (*Art. 21.*)

Le seul droit de balance est dû, soit que la réexportation s'effectue par mer, ou par terre. (*Circulaire du 19 mai 1806.*)

En sortant de l'entrepôt pour entrer dans l'intérieur, elles acquitteront les droits portés au tarif. (*Art. 22.*)

Ces droits sont énoncés au tarif général.

Tabacs étrangers.

Ceux fabriqués étant prohibés, il ne peut en entrer qu'en feuilles et seulement par Bayonne, Bordeaux, la Rochelle, Nantes, Lorient, Morlaix, S.-Malo, Cherbourg, le Hâvre, Dieppe, Dunkerque, Ostende, Anvers, Cologne, Urdingen, Coblentz, Mayence, Strasbourg, Verceil, Nice, Marseille, Cette et Gênes. (*Loi du 29 floréal an 10 et Décisions subséquentes.*)

Ils ne peuvent être importés par mer que par bâtimens de 100 tonneaux au moins, à l'exception de ceux venant des ports de Hollande à Anvers, lesquels sont admis par bâtimens de 50 tonneaux, conformément à l'article 71 de la loi du 1er. pluviose an 13.

Ils jouissent d'un entrepôt de 18 mois, pendant lequel ils peuvent être réexportés en franchise à l'étranger; passé ce terme, le droit d'entrée est dû. (*Loi du 5 ventose an 12.*)

Il peut en entrer par le bureau de Moock, mais à la charge de payer les droits de douane sur-le-champ et sans entrepôt, en obligations cautionnées. (*Loi du 30 avril 1806, article 5.*)

On doit exiger que les magasins soient sûrs, et si les localités le permettent, sans communication avec d'autres bâtimens, sous la clef des préposés de l'administration des douanes et celle du propriétaire. Les tabacs, avant d'être mis dans ces magasins, doivent être vérifiés par les préposés, et pesés en leur présence aux frais des propriétaires. (*Loi du 8 floréal an 11 art. 51.*)

La mutation d'entrepôt d'un port à un autre, n'a lieu que dans le cas d'une nécessité bien reconnue, et sur l'autorisation du directeur-général.

Le droit d'entrée sera perçu, soit à la sortie de l'entrepôt, si les tabacs y sont entrés, soit à la sortie de la douane, si l'expédition pour l'intérieur a lieu immédiatement. (*Art. 21 de la loi du 29 floréal an 10.*)

Ceux tirés de l'entrepôt doivent acquitter le droit

sur le poids net et effectif, reconnu avant leur mise en magasin. (*Loi du floréal an 11, art. 51.*)

Les tabacs, quoiqu'importés par navire français, seraient traités comme ceux venant par bâtiment étranger, s'ils n'avaient pas été apportés directement des États-Unis d'Amérique, des colonies espagnoles, de l'Ukraine ou du Levant. (*Arrêté du 16 thermidor an 8, dont l'exécution a été recommandée par décision du 18 floréal en 12.*)

Dans tous les cas, le droit sera perçu par parties égales, en traites ou obligations suffisamment cautionnées à 5, 6, 9 et 12 mois de terme. (*Loi de floréal an 10, art. 21.*)

Ces tabacs ne peuvent sortir de la douane ni de l'entrepôt, pour entrer dans l'intérieur, sans une déclaration indicative de la fabrique où ils doivent être mis en œuvre. (*Loi du 5 ventose an 12, art. 23.*)

Ils doivent, en outre, être accompagnés d'un acquit à caution qui, dans le délai porté audit acquit et déterminé en raison des distances, doit être représenté à leur entrée en fabrique, au préposé de la régie des droits réunis, pour être déchargés par lui, sous peine d'une amende égale au quadruple du droit de fabrication des tabacs qui en sont l'objet, et dont le recouvrement doit être poursuivi contre le soumissionnaire par le receveur de la douane qui a délivré l'acquit-à-caution. (*Art. 24.*)

Un extrait du registre de décharge de ces acquits sera remis par le préposé de la régie des droits réunis au directeur de l'arrondissement, qui, après l'avoir légalisé, l'adressera au directeur-général des douanes. (*Art. 25.*)

Celui trouvé dans l'intérieur sans être muni d'un acquit-à-caution, ou sans qu'il soit justifié qu'il est sorti de l'entrepôt des douanes avec cette formalité, doit être saisi et confisqué. (*Art. 26.*)

La vérification du chargement ne peut se faire qu'à l'entrée en fabrique. (*Même article*)

S'il s'y trouve une quantité de tabac en feuilles supérieure à celle portée dans l'acquit-à-caution, et que cette quantité excède d'un dixième le poids pour lequel l'acquit-à-caution a été délivré, il y a lieu à la confiscation de la totalité du chargement. (*Même article.*)

Au-dessous du dixième, il y a lieu seulement au paiement du droit d'entrée pour l'excédant. (*Même article.*)

Ces tabacs jouissent de la faculté d'être réexportés à l'étranger, en sortant de l'entrepôt, sans payer de droit. (*Art. 28.*)

ARTICLES COMMUNS A L'ENTRÉE ET A LA SORTIE.

Droit de magasinage.

Les propriétaires des marchandises qui, à défaut de déclaration détaillée, ont été déposées dans le magasin de la douane, sont tenus d'un droit particulier de magasinage d'un pour cent de la valeur. (*Décret du 4 germinal an 2, titre 2. art. 9.*)

Il n'est que de demi pour cent sur les objets déchargés par suite d'une relâche forcée, et rechargés, faute de vente. (*Art. 6.*)

Celui d'un pour cent est dû après trois mois d'entrepôt, sur les marchandises provenant de confiscation. (*Lettre du ministre, du 28 floréal an 8*)

Le droit n'est pas perçu sur les marchandises mises en dépôt par suite de relâche forcée à l'étranger.

Marchandises avariées.

Les avaries ne donnent lieu à réduction de droits que dans le cas d'échouement ou autres accidens de mer constatés suivant les formes prescrites, et qui emportent recours contre les assureurs. (*Loi du 8 floréal an 11, art. 79.*)

La réduction n'a pas lieu pour le tabac en feuilles. Lors de la reconnaissance qui en est faite, les particuliers ont la faculté d'en distraire les parties avariées pour être brûlées ou réexportées, sans qu'ils puissent séparer la tige des feuilles. (*Loi du 29 floréal an 10, art. 7.*)

Elle ne peut également être demandée sous prétexte d'avarie survenue dans le transport des marchandises par mutation d'entrepôt. (*Décision du 28 nivose an 11.*)

Si celui à qui une marchandise avariée est adressée, en fait l'abandon par écrit, il est dispensé d'en payer les droits. (*Loi du 22 août 1791, tit. 1, art. 4.*)

Marchandises qui ont été mésestimées.

Quand un droit est imposé à la valeur, le préposé doit percevoir le droit sur la valeur déclarée, ou retenir la marchandise, en annonçant qu'il paiera la valeur déclarée et le 10e. en sus, dans les quinze jours qui suivront la notification du procès-verbal de retenue. (*Loi du 4 floréal an 4, art. 1.*)

La retenue n'est soumise à d'autre formalité que celle de l'offre souscrite par le receveur du bureau, et signifiée au propriétaire ou à son fondé de pouvoir. (*Art. 2.*)

Iles françaises en Europe qui ont pour les douanes un régime particulier.

Iles d'Yeu, Ouessant, Mollenne, Hédic et Isle-des-Saints.

Ces îles ne sont point sujettes aux droits du tarif. Leurs habitans peuvent néanmoins introduire, en exemption de droits, les sels et les produits de leur pêche, et recevoir les bois nécessaires à leur consommation. (*Loi du 10 juillet 1791.*)

L'art. 5 du titre 1er. de la loi du 4 germinal an 2, exempte les autres denrées et productions du sol ; il porte encore qu'il ne pourra être importé desdites lles aucun objet manufacturé, tant qu'il ne sera pas justifié qu'il est le produit de manufacture y existante et reconnue par le gouvernement.

Iles de Groix, de Bouin et de la Crosnière.

La perception des droits de douane a lieu à l'entrée et à la sortie des iles de Groix, Bouin et la Crosnière ; et cependant, pour empêcher qu'elles servent d'entrepôt à des productions étrangères, les habitans desdites iles peuvent seulement apporter, en exemption de droits, les produits de leur culture et de leur pêche. Toute autre importation est traitée comme étrangère, si elle n'est accompagnée d'un acquit des droits payés à l'entrée desdites iles. (*Loi du 10 juillet 1791, art.* 1.)

Ils peuvent encore importer, en exemption, les autres denrées et productions de leur sol, mais non des objets manufacturés. (*Loi du 4 germinal, tit.* 1, *art.* 5.)

L'article IV du titre Ier. du décret du 4 germinal an 2, défendait l'admission dans les iles ci-dessus, hors le cas de relâche forcée, des bâtimens étrangers et des bâtimens français venant de l'étranger. Il y a été dérogé pour l'ile de Noirmoutiers, par arrêté du 2 thermidor an 10, qui rétablit les relations commerciales entre cette ile et l'étranger, ainsi qu'elles existaient avant le décret du 4 germinal.

Ile de Corse : régime particulier.

Les lois de la république française, relatives aux importations et exportations, sont exécutées dans cette ile. (*Loi du 8 floréal an* 11, *art.* 64.)

Les marchandises et denrées expédiées du continent français pour cette ile, ne sont soumises à aucun droit de sortie et d'entrée. (*Art.* 65.)

Les marchandises et denrées du crû et des fabriques de cette ile, sont également exemptes des droits de sortie et d'entrée, lorsqu'elles sont envoyées sur le continent français, et qu'elles sont accompagnées d'un certificat d'origine et d'une expédition de la douane du port d'embarquement. (*Art.* 66.)

Les objets dont l'exportation à l'étranger est prohibée, ne peuvent être expédiés du continent pour cette ile, que sur des permissions particulières du gouvernement. (*Art.* 67.)

Les marchandises étrangères dont l'importation n'est pas défendue, qui, après avoir été introduites en Corse, sont expédiées pour le continent, n'y sont admises, en exemption de droits, qu'en représentant les acquits de paiement de ceux qui ont été perçus à leur entrée dans cette ile, et une expédition de la douane du port d'embarquement. (*Art.* 69.)

Les marchandises manufacturées en Corse, et de l'espèce de celles dont l'importation est défendue, qui sont expédiées de cette ile pour les ports du continent, n'y sont admises qu'en justifiant, par des certificats authentiques, qu'elles ont été fabriquées en Corse. (*Art.* 70.)

Ile de Capraja.

Quoique réunie au département du Golo, par décret du 9 messidor an 13, elle continue d'être traitée comme étrangère, relativement au régime des douanes. Seulement le bureau qui y était établi pour la navigation, est maintenu. (*Décret du 2 complémentaire an* 13.)

Belle-Ile et Noirmoutiers.

Les dispositions des art. 65, 66, 67, 69 et 70 de la loi du 8 floréal an 11, relatives au régime de l'ile de Corse, sont communes à Belle-Ile et Noirmoutiers. (*Art.* 72.)

Ile d'Elbe.

Ses ports et son territoire sont francs des droits de douane. (*Loi du 8 floréal an* 11, *art.* 73.)

Les droits de navigation y ont été établis.

ENTREPOT.

On nomme ainsi l'asyle donné à une marchandise, en attendant sa destination ultérieure.

Il a été continué aux commerces du Levant, de l'Inde, d'Afrique et des colonies françaises, ainsi qu'aux tabacs en feuilles et eaux-de-vie autres que de vin ; accordé aux marchandises étrangères arrivant dans les principaux ports, ainsi qu'à Lyon et Alexandrie et régularisé à Strasbourg, Marseille, Cologne, Mayence et Gênes.

Il est de dix-huit mois pour les marchandises provenant du commerce français au Levant. (*Loi du* 11 *nivose an* 5, *art.* 5.)

De cinq années pour les toiles rayées ou à carreaux et les guinées bleues du commerce français au-delà du cap de Bonne-Espérance, et de deux années pour les autres marchandises de ce commerce. (*Loi du* 6 *juillet* 1791, *art.* 13)

D'une année pour le commerce du Sénégal, et autres comptoirs de la côte d'Afrique.

On y admet en entrepôt réel les marchandises prohibées dites de traite, ci-après désignées, savoir : couteaux de traite, flacons de verre, rassades et autres verroteries, grosse quincaillerie, tabac de Brésil à fumer, toiles dites guinées, des bajutapaux, négancpaux et autres toiles à carreaux des Indes, cauris, fers de Suède, pipes de Hollande, platilles de Breslau, vases de cuisine venant de Saxe, barbuts, moques de faïence bariolée, poterie d'étain, rhum, tafia des colonies françaises ou de l'étranger, féverolles de Hollande, neptunes, bassins, chaudrons, baguettes, manilles, trompettes, cuivre rouge, clous de cuivre, verges rondes et barres plates, plomb de deux points, gros cartou brun de 43 à 49 centimètr.

sur 119 à 150 centim. ; les bonnets de laine , grelots, clochettes en métal , les bayettes. (*Loi du 8 floréal an 11 , art. 24.*)

Pour le commerce des colonies françaises , on a ajouté à l'entrepôt dont jouissaient les bœufs, beurre , lard , saumons salés et chandelles importés de l'étranger pour ces colonies, celui des chaudières de cuivre à la même destination , le cuivre et les clous à doublage , en payant 6 fr. par 5 myriagr. au moment de l'expédition. (*Loi du 8 floréal an 11 , art. 27.*)

Pour les productions de ces colonies et celles des colonies étrangères , voyez Denrées coloniales.

Les eaux-de-vie de genièvre jouissent à Roscoff , Morlaix , Saint-Malo , Cherbourg , Fécamp , Dieppe, Boulogne , Calais et Gravelines , d'un an d'entrepôt, pendant lequel elles peuvent être réexportées à l'étranger , en exemption de tous droits. (*Loi du 19 octobre 1791.*)

A Dunkerque et Ostende. (*Décision des 18 ventose et 8 germinal an 10.*)

Les rhums et les tafias sont aussi admis en entrepôt réel à Cherbourg. (*Loi du 8 floréal an 11 , art. 46.*)

Le commerce doit fournir sur le port , à ses frais, des magasins convenables , sûrs , et réunis en un seul corps de bâtiment et enceinte; le plan du local doit être présenté au gouvernement, pour être approuvé s'il y a lieu. (*Art. 47.*)

L'importation des rhums et tafias , et eaux-de-vie de genièvre , ne peut être faite que par des bâtimens de 100 tonneaux et au-dessus. (*Art. 48.*)

Les marchandises et denrées étrangères non prohibées , jouissent aussi d'une année d'entrepôt dans les ports de Bayonne , Bordeaux , la Rochelle , Nantes , Lorient , Saint-Malo , Cherbourg , le Hâvre , Dunkerque , Ostende , Anvers , Marseille , Cette, Honfleur , Rouen , Bruges , (*Loi du 8 floréal an 11 , art. 25*) , à la charge de fournir sur le port des magasins convenables , sûrs et réunis en un seul corps de bâtiment : le plan du local doit être présenté au gouvernement , qui , après avoir fait examiner s'il est propre à sa destination , l'y affecte , s'il y a lieu , par un arrêté spécial. (*Art. 25.*)

Les marchandises étrangères non prohibées , importées par le pont du Rhin, le Rhin et la rivière d'Ill , à la destination de Strasbourg , peuvent y être entreposées. (*Loi de floréal an 11 , art. 40 et 41.*)

La durée de l'entrepôt est de six mois. (*Art. 45.*)

Les sucres têtes et terrés , cafés et cacao des colonies françaises , ainsi que les poivres déclarés devoir sortir en transit par Strasbourg , peuvent y être entreposés jusqu'à l'échéance de l'année d'entrepôt. (*Art. 55.*)

Il y a un entrepôt de marchandises étrangères dans le port de Marseille. (*Loi de floréal an 11 , art. 28.*)

L'entrepôt est réel , 1°. pour toutes les marchandises et denrées dont l'entrée est prohibée , pour celles qui sont soumises au certificat d'origine; 2°. pour les marchandises manufacturées de toute espèce , (les savons compris) , les tabacs en feuilles, poissons salés , vins , eaux-de-vie , liqueurs , huiles , sucres, cafés , indigo , cacao et toutes autres denrées coloniales venant de l'étranger. (*Art. 29.*)

L'entrepôt est fictif pour toutes les marchandises et denrées dont l'entrée est permise , et qui ne sont pas désignées dans l'art. 29. (*Art. 31.*)

La durée de l'entrepôt réel ne peut excéder le terme de deux ans. (*Art. 33.*)

Entrepôt à Mayence et Cologne.

La loi du 1er. pluviose an 13 , a établi sur les ports de Cologne et de Mayence un entrepôt de marchandises et denrées étrangères prohibées et non prohibées , art. 31 et 48.

Ces entrepôts sont établis dans les enceintes dont les maisons et magasins ne peuvent être employés qu'à recevoir les marchandises pour lesquelles on usera de la faculté de l'entrepôt , art. 50 , 55 et 49.

Il n'est conservé qu'une porte pour le passage du local franc dans la ville , des marchandises destinées pour l'intérieur , art. 45 et 57.

Entrepôt de Gênes.

Il y a Gênes un port franc ou entrepôt réel de marchandises étrangères prohibées et non prohibées , à l'exception de celles venant de fabriques ou du commerce de l'Angleterre qui en sont formellement exclues. (*Loi du 30 avril 1806 , art 42.*)

Les navires chargés de marchandises destinées pour l'entrepôt , doivent aborder sur la partie du quai appelé *Ponte de mercanti.* Ils peuvent aussi aborder près de la partie de l'entrepôt qui a une communication directe avec la mer : les portes de ces passages qui conduisent dans le local franc , sont gardées par des préposés des douanes , et tous les soirs les clefs sont remises entre les mains du receveur de la douane. (*Art 44.*)

Dans les 24 heures de l'arrivée , les capitaines ou patrons des bâtimens sont tenus de remettre au bureau de la douane le manifeste de leur chargement , avec indication des marques , nos. des caisses , ballots , barils , boucauts , etc. qui les composent. (*Art. 45.*)

Dans les 3 jours de l'arrivée des bâtimens , les propriétaires ou consignataires doivent déclarer à la douane , les marchandises , en désignant les marques, le nombre et le contenu des caisses , balles , etc., ainsi que les quantités et espèces. (*Art. 46.*)

Immédiatement après le déchargement , qui ne pourra s'effectuer que sur les deux points désignés, en présence des préposés des douanes , les marchandises sont vérifiées , pesées et portées sur deux registres , dont l'un est tenu par un receveur aux déclarations , et l'autre par un contrôleur aux entrepôts;

es propriétaires ou consignataires sont tenus de faire au bas de chacun des enregistremens qui les concernent, leur soumission de représenter lesdites marchandises dans les délais déterminés. (*Art.* 47.)

Les marchandises sont ensuite transportées à l'entrepôt, sous la surveillance des préposés des douanes qui les accompagnent jusqu'à la porte intérieure du local franc. (*Art.* 48.)

Lorsque les marchandises seront tirées de l'entrepôt, déclaration préalable devra en être faite à la douane, où elles seront immédiatement conduites et vérifiées. Celles arrivées par mer et qui seront réexportées par la même voie, ne paieront que le droit de balance; celles qui seront envoyées par terre à l'étranger, acquitteront les droits de transit fixés par le tarif joint à cette loi. (*Art.* 5o.)

Les marchandises qui seront expédiées de l'étranger, en transit par terre, à la destination de l'entrepôt de Gênes, (celles venant du royaume d'Italie ou de la république helvétique) seront vérifiées, enregistrées et soumissionnées, conformément aux dispositions de l'art. 47, et mises dans l'entrepôt. (*Même article* 5o.)

Celles desdites marchandises, qui seront envoyées à l'étranger, soit par terre, soit par mer, paieront le droit de transit. (*Même article.*)

Les marchandises venant du royaume d'Italie ou de la république helvétique, à la destination de l'entrepôt de Gênes, et celles qui seront expédiées de Gênes pour transiter sur le territoire français, et se rendre soit en Italie, soit en Suisse, devront passer à l'entrepôt d'Alexandrie. (*Art.* 5i.)

Les marchandises permises qui seront tirées du local franc pour la consommation de la France ou du duché de Parme, acquitteront les droits fixés par le tarif de l'empire français. (*Art.* 52.)

La durée de l'entrepôt est de deux années : elle pourra être prorogée lorsque les circonstances l'exigeront ; mais à l'expiration de chaque semestre, les contrôleurs aux entrepôts se transporteront dans les différens magasins du local franc, et se feront représenter les marchandises par chaque propriétaire ou consignataire. S'il y a déficit, les propriétaires ou consignataires seront tenus de payer le double des droits pour les marchandises permises, et le double de la valeur pour celles prohibées. (*Art.* 55.)

Aucun individu ne pourra entrer dans l'entrepôt ou port franc de Gênes, s'il n'est porteur de sa patente de négociant, ou d'une carte délivrée par le directeur des douanes. (*Art.* 56.)

Tout individu qui sera surpris sortant du port franc avec des marchandises prohibées ou en fraude des droits, sera, indépendamment de la confiscation des marchandises et de l'amende prononcée par les lois, condamné, pour la première fois, à six mois de prison, et pour la seconde à un an, conformément à l'article 26 de la loi du 22 ventose an 12. (*Art.* 58.)

Les négocians qui ont des magasins dans l'entrepôt, ne pourront vendre ni laisser sortir desdits ma-

gasins aucunes marchandises, qu'après en avoir fait la déclaration à la douane : ceux qui seront convaincus d'avoir contrevenu à cette disposition, ou d'avoir eux-mêmes confié des marchandises à des hommes salariés pour les introduire dans la ville, seront, indépendamment des peines portées par les lois, privés de la faculté de l'entrepôt, du transit et de tout crédit de droits, conformément à l'art. 85, section 4, de la loi du 8 floréal an 11. (*Art.* 5g.)

Entrepôt d'Alexandrie.

Il y aura dans cette ville un entrepôt réel de marchandises étrangères prohibées et non prohibées, à l'exception de celles venant des fabriques ou du commerce anglais. (*Loi du* 3o *avril* 1806, *art.* 6o.)

Cet entrepôt est une continuation de celui de Gênes ; celles expédiées de ce dernier entrepôt à destination de l'Italie et de la Suisse, ainsi que celles venant de l'Italie, de la Suisse ou d'autres pays étrangers, par la navigation du Pô, à destination de Gênes, devront arriver à l'entrepôt d'Alexandrie, sauf quelques exceptions. (*Art.* 6i.)

La durée de l'entrepôt est d'un an. Avant l'expiration de l'année, les marchandises doivent être déclarées pour la consommation, ou expédiées pour l'étranger. (*Art.* 71.)

Entrepôt de Lyon.

Il y aura à Lyon un dépôt pour les marchandises étrangères non prohibées et denrées coloniales mises à leur débarquement dans l'entrepôt réel de Marseille. (*Loi du* 3o *avril* 1806, *art.* 29.)

Toutes les marchandises fabriquées sont formellement exclues de la faculté du dépôt. (*Art.* 5o.)

Les droits d'entrée seront acquis au trésor public au moment où les marchandises seront tirées de l'entrepôt de Marseille pour le dépôt de Lyon ; mais la perception en sera suspendue jusqu'à celui de leur sortie dudit dépôt pour la consommation. (*Art.* 5i.)

Elles doivent arriver à Lyon dans le délai d'un mois, si elles sont transportées par terre, et dans celui de deux mois, si elles sont embarquées sur le Rhône. (*Art.* 52)

Après le délai d'une année, à compter du jour de l'entrée des marchandises dans l'entrepôt de Marseille, elles devront acquitter ces droits et sortir du dépôt. Celles qui en seront tirées avant l'expiration du délai, paieront immédiatement les droits. (*Art.* 56.)

Les sucres têtes et terrés, les cafés, cacao des colonies françaises et les poivres qui jouissent du transit en exécution de la loi du 8 floréal an 11, auront la même faculté en sortant du dépôt de Lyon : le transit ne pourra s'effectuer que par les bureaux de Versoix, Verrières-de-Joux, Bourg-Libre et Strasbourg. (*Art.* 57.)

Transit.

On nomme ainsi le passage sur le territoire français, d'une marchandise expédiée de l'étranger à l'étranger.

Il est accordé aux laines non filées venant de l'étranger, sous condition d'être entreposées réellement à leur arrivée, et expédiées directement pour l'étranger. (*Loi du 30 avril 1806, art. 28.*)

Aux marchandises étrangères non prohibées, empruntant l'ancien département du Mont-Terrible. (*Décret du 26 mars 1793.*)

A celles également permises (à l'exception des toiles peintes de pur fil et des tabacs en feuilles) entrant par Bourg-Libre et Strasbourg, et sortant par Mayence, et réciproquement. (*Loi du 8 floréal an 11, art. 55, et décret du 9 vendémiaire an 13.*)

Aux sucres têtes et terrés, cafés et cacao des colonies françaises, et aux poivres pendant leur année d'entrepôt.

Ce transit ne peut s'effectuer que par les bureaux de Strasbourg, Bourg-Libre, Verrières-de-Joux, Jougnes, Versoix, Béhobie, Ainhoa, Cologne, Mayence, et Verceil.

Et encore, par Coblentz, pour celles de ces denrées qui seront tirées de l'entrepôt d'Anvers. (*Loi du 1er. pluviose an 13.*)

La faveur du transit est aussi accordée aux sucres têtes et terrés, cafés, cacao et poivres terrés de l'entrepôt de Lyon pour l'étranger. (*Voyez à entrepôt, page 57.*)

Comme encore aux marchandises étrangères expédiées de l'entrepôt de Gênes pour le royaume d'Italie, la république helvétique, et les duchés de Parme et de Plaisance, ou qui seront expédiées desdits pays, pour ledit entrepôt, et en seront exportées pour l'étranger soit par terre soit par mer. (*Loi du 30 avril 1806, art. 50.*)

TARIF DES DROITS DE NAVIGATION,

D'APRÈS LE DÉCRET DU 27 VENDÉMIAIRE AN 2.

Nota. On doit y ajouter le décime par franc, établi en l'an 7.

CE tarif ayant pour objet de favoriser la construction et la navigation françaises, on a dû prendre des mesures pour empêcher les constructions et navigations étrangères de jouir des mêmes avantages.

Ainsi un bâtiment, quoique de construction française, n'en a les priviléges qu'autant que ses officiers et les trois-quarts de l'équipage sont français. (*Loi du 21 septembre 1793, art. 2.*)

Les bâtimens appartenans aux îles de la Martinique, et autres françaises, pour être reconnus nationaux, doivent produire un certificat des préfets coloniaux, qui atteste cette nationalité. (*Lettre du ministre de la marine, du 10 thermidor an 10.*)

Quoique la loi du 19 mai 1793 ait permis l'entrée des navires étrangers, la francisation doit en être refusée.

Le navire étranger échoué ou devenu propriété française, pouvant être francisé quand il a reçu des réparations, dont le montant a été du quadruple du prix de la vente, il a fallu empêcher qu'il ne fût abusé de cette disposition.

La valeur doit être constatée par l'estimation de trois experts nommés d'office ; un par la douane, un par la marine, le troisième par le tribunal de commerce. Cette estimation pourra avoir lieu devant les officiers du port, et le procès-verbal en sera dressé par triple expédition : ainsi convenu entre les ministres des finances et de la marine, le 29 thermidor an 10.

On ne doit délivrer d'acte de francisation à ces bâtimens, que sur la représentation du contrat de propriété française et du procès-verbal en due forme des réparations faites au quadruple ; l'acte expédié doit relater l'une et l'autre. (*Circulaire du 7 fructidor an 10.*)

Acte de francisation.

D'après l'art. 26, il est dû par un bâtiment, jusqu'à 100 tonneaux inclusivement........ 9fr.
De 100 tonneaux jusques et y compris 200 18
De 200 tonneaux et au-dessous de 300..... 24
De 500 tonneaux et au-dessus, 6 francs de plus par chaque cent tonneaux.

L'inscription au dos de cet acte, de la vente de partie du bâtiment. (*Art. 17.*)......... 6
On ne doit que le même droit, quoique le bâtiment soit vendu en totalité.

Si on le vendait en quatre portions distinctes, il y aurait quatre endossemens ; il serait dû autant de 6 francs.

Celui qu'un héritage rend propriétaire d'un bâtiment doit le droit , parce qu'il y a mutation de propriété à inscrire. (*Décision du 2 germinal an 7.*)

Si , lors d'une seconde vente ou transmission , on reconnaissait que celle antérieure n'aurait point été inscrite , il faudrait faire payer , avec le second droit , le premier non acquitté.

Les ventes de navires peuvent être reçues par les courtiers. (*Lettre du ministre, du 15 ventose an 12.*)

Congé.

Pour un bâtiment non ponté. (*Art. 6.*)... 1fr.

Un bâtiment ponté , au-dessous de 50 tonneaux. (*Mém. art. 6.*).................... 3

Un bâtiment ponté , de 50 tonneaux et au-dessus. (*Art. 26.*)...................... 6

Quoique ces derniers congés ne soient valables que pour un voyage , les bâtimens expédiés pour un port étranger peuvent y prendre des chargemens à toute destination ; mais ils sont tenus de revenir dans un port de France , à l'effet d'y renouveler leurs congés , au moins dans le cours de l'année. (*Décision du 5 pluviose an 11.*)

Souvent un navire expédié d'un port pour un autre de France , ne revient pas directement dans le port du départ ; si dans celui de sa destination il prend un chargement pour l'étranger ou pour un autre port de France , il fait un second voyage ; dès-lors il doit renouveler son congé. (*Même décision.*)

Les bâtimens employés dans le Levant , qui ne seront pas revenus en France une année après la date du congé qui leur aura été délivré lors de leur départ , paieront double le droit du premier congé qui leur sera expédié à leur retour. Les armateurs et capitaines seront même tenus de justifier , par des certificats des commissaires des relations commerciales , des causes qui auront empêché les bâtimens de revenir en France dans le délai d'une année.

A l'égard de ceux qui ne seraient pas revenus en France dans l'espace de deux années , la soumission qu'ils auront souscrite , conformément à l'article 11 de la loi du 27 vendémiaire an 2 , sera exécutée. (*Même décision.*)

Passeport.

Passeport nécessaire à un bâtiment étranger , par assimilation à un certificat. (*Art. 37.*)... 1 fr.

Droit de tonnage.

Sa quotité par tonneau (1).

Un bâtiment français au-dessus de 50 tonneaux , venant d'un port français sur l'Océan dans un autre port sur l'Océan , ou d'un port français sur la Méditerranée , dans un autre sur la Méditerrranée , doit (*art. 50.*) 15 centimes ;

Venant d'un port français sur l'Océan dans un sur la Méditerranée , et réversiblement (*même article*), 20 centimes ;

Venant des colonies et comptoirs des français en Asie , en Afrique , en Amérique , dans un port de France (*art. 51*), 50 centimes.

Tout bâtiment étranger (1) venant dans un port de France (*art. 55*), 2 fr. 50 centimes.

Droit de tonnage , relativement aux chargemens et déchargemens dans différens ports.

Un bâtiment étranger qui , après avoir chargé des productions nationales dans un port de France , va compléter sa cargaison en marchandises aussi nationales dans un autre port où il ne fait pas de déchargement et ne reçoit point de réparation , n'est assujetti qu'à un seul droit de tonnage. (*Décision du 8 frimaire an 10.*)

Cette faveur n'aurait point lieu si une partie de la cargaison était composée de productions provenantes de nos entrepôts de marchandises étrangères. (*Circulaire du 11 frimaire , même année.*)

Il ne serait également dû qu'un droit de tonnage sur un bâtiment dont la majeure partie du chargement consisterait en comestibles , quoique le déchargement s'en fît dans plusieurs ports , et que , même après , ce navire allât sur son lest dans un autre port pour y prendre un chargement de retour.

Droit de tonnage relativement aux relâches forcées.

Le droit de tonnage est essentiellement droit d'abord perceptible par le seul fait de l'entrée d'un navire dans nos ports ; aussi est-il dû , même dans le cas de relâche forcée (*Loi du 4 germinal an 2 , tit 2 , art. 6*) , et quand même le bâtiment ne resterait pas vingt-quatre heures dans le port.

Il est dû par un bâtiment échoué , conduit dans un port pour y être radoubé.

Mais on a excepté les bâtimens étrangers à destination pour un port de France , entrant par détresse dans un autre port , lorsqu'ils n'y font aucune opération de commerce ou n'y reçoivent pas de réparations ;

Ceux qui , chargés dans un de nos ports , sont forcés de relâcher dans un autre en retournant à l'étranger ;

Les bâtimens français expédiés d'un port de France

---

(1) Ce droit étant imposé sur la contenance et non sur le volume du navire , les dimensions pour la jauge doivent toutes être intérieures. (*Circulaire du 8 thermidor an 10.*)

Il n'est exigible que vingt jours après l'arrivée du bâtiment ; mais il doit être acquitté avant le départ , et on peut prendre des sûretés pour en assurer le paiement.

(1) Quand même le bâtiment ne porterait que des passagers. (*Décision du 5 nivose an 5*)

à un autre, lorsque dans ceux de relâche ils ne déchargent pas de marchandises. (*Décision du 7 nivose an 11.*)

Les lettres des ministres des finances et de la marine exigent même que, pour donner lieu dans ce cas à la perception, il soit déchargé ou chargé une partie essentielle de la cargaison.

Bâtimens exempts du droit de tonnage.

Français de 3o tonneaux et au-dessous. (*Art.* 3o.)

Français, même au-dessus de 3o tonneaux, venant de la pêche, de la course ou d'un port étranger. (*Art.* 32.)

(Les premiers ne doivent avoir à bord que le produit de leur pêche ; les seconds que les marchandises composant la cargaison du navire pris.)

Bâtiment naviguant seulement dans l'intérieur des rivières, sans emprunt de la mer. (*Décision du 11 fructidor an 5.*)

Bâtiment de la marine impériale et ceux français ou étrangers frétés pour le compte de l'état. (*Art.* 3.)

Bâtiment parlementaire, à l'usage unique du gouvernement, encore bien qu'à son retour il prenne des marchandises ou des passagers. (*Lettre du 5 nivose an 5.*)

Bâtiment pris sur les ennemis de l'état.

Bâtiment qui, forcé d'entrer dans un port et d'y décharger sa cargaison, est condamné comme ne pouvant plus tenir la mer. (*Décision du 7 brumaire an 6.*)

Bâtiment échoué, dont le capitaine fait l'abandon, encore que la cargaison soit sauvée. (*Décision du 7 frimaire an 5.*)

Bâtiment trouvé abandonné, et appartenant en conséquence à l'état, comme épave de mer.

Droits d'expédition (1); leur quotité.

Le droit d'expédition, d'entrée et de sortie d'un bâtiment étranger de 200 tonneaux et au-dessous, etc. (*Art.* 55.) .... 18 fr.

Au-dessus de 200 tonneaux. (*Même article.*) 36

Bâtiment français de 3o à 15o tonneaux, (Il n'est rien dû jusqu'à 5o inclusivement.) (*Art.* 36.) 2

De 15o à 3oo. (*Même article.*) 6

Au-dessus de 3oo tonneaux (*Même article.*) 15

---

(1) Le bâtiment exempt du droit de tonnage, l'est aussi de ceux d'expédition. (*Décision du* 23 *pluviose an* 2.)

On a également affranchi du droit d'expédition les barques espagnoles de quatre à cinq tonneaux qui, en retournant de France en Espagne, cherchent, pendant la nuit, un abri dans un port de la Méditerranée. Ils ne doivent dans leurs diverses relâches, soit volontaires ou forcées, que le droit de tonnage, suivant les circonstances. (*Décision du* 19 *brumaire an* 10, *et circulaire du* 22.)

Mais ce droit est dû par un bâtiment parlementaire qui charge au retour, des marchandises ou des voyageurs. (*Lettre du 5 nivose an 5.*)

Par le navire sortant du port pour la première fois.

Droits d'acquit (1). Permis (2) et Certificat.

Pour tout acquit, permis et certificat relatif à une cargaison étrangère. (*Art.* 57.) .... 1 fr.

Pour cargaison française. (*Même article.*) .... 5o c.

Bâtimens pour la pêche.

Les bâtimens français venant de la pêche ne paient aucun droit de tonnage. (*Art.* 22.)

L'immunité accordée à ces bâtimens est étendue à ceux qui les suppléent, en transportant les produits de la pêche aux lieux les plus avantageux de la vente. (*Décision du* 28 *pluviose an* 10.)

Les congés délivrés pour ces bâtimens valent pendant un mois, quel que soit le nombre d'expéditions faites pendant ce tems. (*Décision du* 27 *nivose an* 8.)

Mais ils sont sujets au droit de permis pour le déchargement du produit de leur pêche. (*Décision du* 25 *pluviose an* 5.)

Smogleurs dont la contenance n'excède pas 5o tonneaux.

Il ne paient que 1 fr. 25 cent. par tonneau de droit de tonnage à l'entrée des ports de la Manche, lorsqu'ils sont seulement chargés de laines brutes et autres matières premières qui n'acquittent à l'entrée que le droit de balance, et ils sont affranchis du droit d'expédition.

Il en est de même de ceux qui, venus sur leur lest, chargent en retour des thés, vins, eaux-de-vie et autres productions de notre sol, de notre industrie, exemptes de droits de sortie, ou qui n'en paient que de modiques. (*Arrêtés des* 21 *frimaire an* 10 *et* 10 *frimaire an* 11.)

La fixation du droit à 1 fr. 25 cent. par tonneau étant positive et absolue, le demi-droit additionnel n'est pas dû. (*Décision du* 26 *pluviose an* 11.)

---

(1) Il doit être perçu un droit particulier d'acquit pour chaque expédition. (*Décision du* 17 *floréal an* 5.)

Ce droit n'étant qu'accessoire, n'est dû qu'autant qu'il y a lieu au paiement d'un droit principal de navigation.

(2) Le droit de permis est dû sur chaque déclaration de chargement ou de déchargement. (*Décision du* 17 *floréal an* 6.)

Mais il n'en est délivré qu'un pour la même partie de marchandises, quelle que soit la durée de son chargement et déchargement.

Ce droit est dû sur les bâtimens navigant en rivière, dès qu'ils ont trente tonneaux. (*Décision du* 17 *floréal an* 5.)

Les habitans de l'île de Bréhat ne paient qu'un seul droit de permis pour le chargement et déchargement des objets qu'ils font venir de la Terre-Ferme, sur des barques de quatre à cinq tonneaux. (*Arrêté du* 25 *brumaire an* 6)

Les provisions de beurre et de tabac à l'usage des équipages en sont dispensées, ainsi que les navires sortant ou entrant sur leur lest.

Paquebots.

Les paquebots français doivent être francisés dans les formes et avec les formalités ordinaires. (*Lettre du ministre des finances à l'administration des postes*, *du 28 pluviose an 10.*)

Exploités par cette administration , ils sont considérés comme bâtimens de l'état lorsqu'ils ne transportent que les dépêches et les passagers. (*Décision du 15 floréal an 10.*)

Navires neutres autorisés à faire le cabotage.

Toutes les permissions accordées ont été révoquées. (*Décision du ministre de l'intérieur , du 20 vendémiaire an 11.*)

Les préfets maritimes ont seulement été autorisés à permettre aux fournisseurs de bois pour la marine, de fréter des navires étrangers, lorsqu'il sera constaté qu'il n'en existe pas de nationaux propres à ce genre de cabotage. L'expédition ne s'en effectuera que sur la demande par écrit du chef d'administration du port au directeur des douanes. (*Lettre du ministre de la marine du 1er. brumaire an 11.*)

Ces navires n'ont à payer jusqu'à présent d'autres droits de navigation que ceux imposés sur bâtimens français. (*Suite de l'arrêté du 17 thermidor an 3.*)

Mais les ministres de la marine et de l'intérieur , qui se trouvent dans la nécessité d'accorder ces autorisations pour des munitions navales ou des subsistances , peuvent subordonner cette faveur à tel droit de tonnage ou autres qu'ils jugent convenable.

Demi-droit de tonnage.

Il sera perçu sur les navires français et étrangers une contribution égale à la moitié du droit de tonnage. (*Loi du 14 floréal an 10.*)

Le produit de ce nouveau droit qui , suivant une lettre du ministre du 23 du même mois, est passible du décime par franc, et dont les receveurs des douanes seront dépositaires , est uniquement destiné aux frais de réparation et d'entretien des ports où le recouvrement s'en effectue.

C'est par ce motif que la perception doit être effectuée sur les bâtimens qui naviguent pour le compte des agens de la marine. (*Décision du 28 nivose an 11.*)

Les bâtimens français de 30 tonneaux et au-dessous étant exempts du droit de tonnage, ne sont point passibles de ce demi-droit. (*Décision du 29 thermidor an 10.*)

Les smogleurs , dans les cas prévus par les arrêtés énoncés sous ce mot, n'y sont également point assujettis. (*Décision du 26 pluviose an 11.*)

Droit de garantie sur l'argenterie importée de l'étranger.

Les ouvrages d'or et d'argent venant de l'étranger, doivent , indépendamment du droit de douane , un droit particulier pour la garantie de leur titre. (*Loi du 19 brumaire an 6, art. 23.*)

Ce droit est fixé à 20 francs par hectogramme d'or, et à un franc par hectogramme d'argent. (*Art. 2.*)

Il est dû sur les vieux ouvrages , à moins qu'on ne consente à les briser au premier bureau des douanes, en présence des préposés. (*Lettre du ministre, du 12 prairial an 7.*)

Objets exempts du droit de garantie.

1°. Les ouvrages d'or et d'argent appartenant aux ambassadeurs et envoyés des puissances étrangères.

2°. Les bijoux d'or à l'usage personnel des voyageurs , et les ouvrages en argent servant également à leur personne, pourvu que le poids n'excède pas en totalité cinq hectogrammes. (*Loi du 19 brumaire , article 23.*)

Restitution d'une partie du droit de garantie sur les ouvrages exportés.

Les ouvrages d'or et d'argent , fabriqués en France, qui passent à l'étranger , jouissent du remboursement des deux tiers du droit de garantie qu'ils ont acquitté, pourvu que l'exportation ait lieu par les bureaux désignés. (*Art. 25 , 26 et 27.*)

Les expéditions doivent être accompagnées d'une déclaration descriptive faite au bureau de garantie , où le droit a été acquitté, certifiée par les préposés de ce bureau.

Ces déclarations et certificats , légalisés par les administrations municipales, et à Paris, par les administrateurs des monnaies, sont présentés à la douane de sortie, où l'exportation est constatée par les receveurs et autres commis.

Le *visa* du directeur des douanes dans l'arrondissement duquel se trouve le bureau de sortie, et le sceau de l'administration , complettent les formalités exigées pour le remboursement. (*Lettres du ministre, des 22 nivose et 22 germinal an 7.*)

Droit de fabrication sur le tabac.

Le droit de fabrication des tabacs qui avait été établi par l'article 18 de la loi du 5 ventose an 12, sera perçu sur le poids des feuilles de tabac employées à la fabrication , à raison de huit décimes par kilogramme. (*Loi du 24 avril 1806 , art. 45.*)

Il sera perçu en outre, sur les tabacs fabriqués, une taxe de deux décimes par kilogramme, qui sera payée par les fabricans lors de la vente de ces matières ; ils seront obligés de tenir registre de ces ventes, et de le représenter aux employés de la régie sur leur première réquisition. (*Art* 46.)

Les tabacs fabriqués seront revêtus de marques et vignettes de la régie, faute de quoi il seront saisis et confisqués. (*Art.* 47.)

Ce droit est acquis sur les feuilles, soit étrangères, soit indigènes, au moment de leur entrée dans les fabriques, et il est payable par parties égales, en traites ou obligations suffisamment cautionnées, à trois, six, neuf et douze mois de terme. (*Art.* 22.)

Il est fait restitution de ce droit aux tabacs de fabriques nationales, tant en poudre qu'en carotte, qui sont exportés à l'étranger. (*Loi du 5 ventose, art.* 29.)

Ces tabacs ne peuvent sortir des fabriques qu'après une déclaration faite aux préposés de la régie, et munis d'un acquit-à-caution qui doit être déchargé au bureau de la douane, par lequel la sortie a lieu. (*Art.* 30.)

Sur la représentation de cet acquit déchargé, la restitution du droit s'effectue par le bureau de la régie des droits réunis qui a perçu les droits de fabrication dans la fabrique d'où l'expédition du tabac exporté a été faite. (*Même article.*)

Droit sur les sels.

L'article 48 de la loi du 24 avril 1806, impose un droit de deux décimes par kilogramme de sel enlevé pour la consommation de la France, soit des marais salans de l'Océan, soit de ceux de la Méditerranée, soit des salines de l'Est, soit de toute autre fabrique de sel.

Suit le décret impérial qui prescrit les formalités propres à prévenir les fraudes, et à concilier la sûreté de la perception avec les facilités dues au commerce et à la pêche.

Au Palais de Saint-Cloud, le 11 juin 1806.

NAPOLÉON, Empereur des Français et Roi d'Italie,

Sur le rapport de notre ministre des finances, notre conseil-d'état entendu, nous avons décrété et décrétons ce qui suit :

TITRE PREMIER.

De la surveillance des préposés des administrations des douanes et des droits réunis, des déclarations, congés et acquits-à-caution.

Art. Ier. La surveillance des préposés des douanes et des droits réunis ne s'exercera pour la perception de la taxe sur les sels, que jusqu'à la distance de trois lieues des marais salans, fabriques ou salines situés sur les côtes et frontières, et dans les trois lieues de rayon des fabriques et salines de l'intérieur. La ligne de démarcation sera déterminée comme celle des douanes.

Art. II. Nul enlèvement de sel dans les limites déterminées par l'article précédent, ne pourra être fait sans une déclaration préalable au bureau le plus prochain du lieu de l'extraction, et sans avoir pris un congé ou un acquit-à-caution, que les conducteurs seront tenus de représenter aux préposés à toute réquisition, dans les trois lieues des côtes et frontières, ou des fabriques et salins de l'intérieur.

Art. III. Les déclarations contiendront le nom du vendeur, celui de l'acheteur, la quantité de sel vendue, le nom du voiturier ou du maître du bateau ou barque qui devra faire le transport, le lieu de la destination et la route à tenir.

Art. IV. Si les droits ont été payés au moment de la déclaration, il sera délivré un congé qui en fera mention.

Art. V. Il sera délivré un acquit-à-caution, lorsque la déclaration n'aura pas donné lieu à l'acquit des droits.

Art. VI. Aucun enlèvement de sels ne pourra être fait avant le lever du soleil ou après son coucher, et qu'en suivant la route indiquée par le congé ou acquit-à-caution. Ces expéditions indiqueront le délai après lequel elles ne seront plus valables.

Art. VII. Les sels transportés dans l'étendue des trois lieues soumises à la surveillance des préposés, sans être accompagnés d'un acquit-à-caution, seront saisis et confisqués. Les sels qui circuleraient dans la même étendue de territoire, avant le lever ou après le coucher du soleil, seront soumis aux mêmes peines, si le congé ou acquit-à-caution ne porte une permission expresse de transport pendant la nuit.

Art. VIII. Les préposés des douanes sont autorisés à se transporter en tout tems, dans l'enceinte des marais salans, dans les salines et lieux de dépôt pour y exercer leur surveillance.

Les préposés des droits réunis visiteront et tiendront en exercice les salines et fabriques de l'intérieur.

Art. IX. Les sels transportés par mer pourront être expédiés sous acquit-à-caution ; le droit sera perçu au moment du débarquement, sur les sels conduits dans les ports qui ne jouiront pas de l'entrepôt.

Art. X. Si les sels sont transportés dans un des ports où l'entrepôt sera permis, ils pourront être entreposés sous une double clef, dont l'une restera entre les mains du receveur de la douane, et n'acquitter les droits que lorsqu'ils en seront tirés pour la consommation.

Art. XI. Si les sels entrent dans les rivières pour remonter dans l'intérieur, les droits seront perçus au bureau des douanes le plus avancé en rivière, à moins qu'ils ne soient destinés pour l'un des grands entrepôts de l'intérieur qui seront établis par le présent.

Art. XII. Il sera accordé à tous ceux qui enlèveront des sels des lieux de fabrication, soit qu'ils soient destinés pour les entrepôts ou pour la consommation, cinq pour cent pour tout déchet; de manière que, déduction faite de cette seule quantité, le droit sera dû sur la totalité des sels compris dans les déclarations et acquits-à-caution.

Art. XIII. Les propriétaires pourront demander la vérification des chargemens au moment de l'arrivée des bâtimens qui auront fait le transport par mer; si ces bâtimens ont éprouvé des avaries légalement constatées, le droit ne sera perçu que sur la quantité reconnue par le résultat de la vérification.

Art. XIV. Les sauluiers ou paludiers qui voudront enlever des sels des marais salans pour les transporter à dos de chevaux et de mulets et les vendre dans l'intérieur, ne paieront les droits qu'au retour de chaque voyage, s'ils fournissent caution pour le montant desdits droits : il ne leur sera accordé un second crédit, que lorsque le premier aura été acquitté.

Art. XV. La déclaration prescrite par l'article 5 de la loi du 24 avril, avant l'établissement d'aucune fabrique particulière de sel à la chaudière, sera faite au bureau le plus prochain des douanes, pour celles qu'on voudra établir dans les trois lieues des côtes, et dans les quatre lieues des frontières de terre; et au bureau le plus prochain des droits réunis, pour celles qui seront établies dans l'intérieur, sous les peines portées par ledit article.

Art. XVI. Toutes les saisies qui donneront lieu à la confiscation des sels, emporteront aussi celle des chevaux, ânes, mulets, voitures, bateaux et autres embarcations employées au transport.

Art. XVII. Pour faciliter la vérification des quantités de sels au moment de l'extraction et de l'embarquement, on pourra, à l'égard de celles excédant un quintal, employer le mesurage, après avoir constaté, pour chaque expédition, la quantité de kilogrammes de sels que contiendra la mesure employée.

Art. XVIII. Toutes les fabrications de sels par l'action du feu, seront tenues en exercice par les préposés des douanes ou des droits réunis, suivant le lieu où elles seront situées.

Art. XIX. Il sera tenu par les fabricans et préposés des registres en double, sur lesquels seront portées les quantités de sels fabriquées, celles en magasin et celles vendues.

Art. XX. Ils ne pourront laisser sortir de leurs magasins aucune quantité de sel, que sur la représentation du permis que l'acheteur aura levé au bureau des douanes ou des droits réunis.

Ceux qui contreviendront à la présente disposition, seront condamnés au paiement du double droit des sels qu'ils auront vendus.

TITRE II.

Des entrepôts dans les ports.

Art. XXI. Les sels provenant des marais salans ou salines, jouiront de la faculté de l'entrepôt dans les villes d'*Anvers*, *Gand*, *Bruges*, *Ostende*, *Dunkerque*, *Calais*, *Boulogne*, *Etaples*, *Saint-Valery-sur-Somme*, *Abbeville*, *Dieppe*, *le Havre*, *Rouen*, *Honfleur*, *Caen*, *Cherbourg*, *Granville*, *Marans*, *Saint-Malo*, *le Legué*, *Morlaix*, *Brest*, *Lorient*, *Quimper*, *Vannes*, *Rhedon*, *Nantes*, *la Rochelle*, *les Sables*, *Rochefort*, *Charente*, *Bordeaux*, *Libourne*, *Bayonne*, *Cette*, *Agde*, *Narbonne*, *Toulon*, *Marseille*, *Arles* et *Nice*.

La ville de *Gênes* pourra jouir de la faculté de l'entrepôt, mais sous la condition expresse que les sels seront entreposés dans les magasins du port franc.

Art. XXII. L'entrepôt des sels sera réel et soumis à toutes les conditions et formalités prescrites pour les entrepôts des douanes.

Art. XXIII. Les sels entreposés dans les ports qui ont cette faculté, pourront être expédiés par mer à destination des autres ports de France, sous la formalité de l'acquit-à-caution.

Si la destination est pour l'un des ports qui ont la faculté de l'entrepôt, lesdits sels pourront y être de nouveau entreposés; dans le cas contraire, ils paieront les droits au moment du débarquement.

Art. XXIV. Il y aura un entrepôt réel de sels, dans les villes de Paris, Lyon, Toulouse et Orléans; il sera soumis à toutes les formalités prescrites pour les entrepôts des douanes.

Art. XXV. Les sels destinés pour ces entrepôts seront expédiés par rivière, sous les formalités d'acquit-à-caution des douanes.

Art. XXVI. L'administration des douanes sera chargée de la surveillance desdits entrepôts, et de la perception du droit sur les sels qui y seront déposés, lorsqu'ils entreront dans la consommation.

TITRE III.

Des sels employés à la pêche maritime ou pour les salaisons destinées aux approvisionnemens de la marine et des colonies.

Art. XXVII. Les sels destinés à la pêche maritime, jouiront dans tous les ports où il y a un bureau de douane, d'un entrepôt d'une année, en quantités proportionnées au nombre et au tonnage des bâtimens employés à la pêche, sous toutes les conditions et formalités prescrites par les lois pour les marchandises admises en entrepôt réel.

Art. XXVIII. Les quantités tirées de l'entrepôt, pour la pêche, seront exactement vérifiées et portées sur un registre particulier, qui servira de contrôle à celui de mise en entrepôt.

Art. XXIX. Les propriétaires des sels déclarés pour la pêche, pourront les tirer de l'entrepôt, pour la consommation, en payant les droits.

Art. XXX. Les sels seront réputés devoir entrer dans la consommation, et, comme tels, soumis au paiement du droit, s'ils n'ont été employés à la première ou à la seconde pêche, depuis leur mise en entrepôt.

Art. XXXI. Les sels expédiés pour les salaisons en mer, qui n'y auront point été employés, pourront, à leur retour, être rétablis dans l'entrepôt, après vérification exacte des quantités, et y rester jusqu'aux expéditions pour la pêche de l'année suivante.

Les sels qui, à cette époque, ne seront pas réexpédiés pour la pêche, acquitteront les droits.

Art. XXXII. Les sels employés pour les salaisons destinées aux approvisionnemens des Colonies et de la marine, seront déposés dans les magasins fermés à deux clefs, dont l'une restera entre les mains des préposés des douanes, qui enregistreront les quantités entreposées et en surveilleront l'emploi.

Art. XXXIII. On ne pourra employer pour les salaisons faites en mer ou à terre, que la quantité de sel nécessaire à la conservation du poisson.

Art. XXXIV. Les barils de poissons salés seront ouverts, et s'ils contiennent du sel superflu, il sera jeté comme immonde.

Art. XXXV. Les mêmes vérifications auront lieu pour les poissons salés qui seront apportés de l'étranger.

TITRE IV.

De la pêche des sardines, maquereaux et autres poissons dont les salaisons se font à terre, ou qui sont salés en mer pour être consommés en vert.

Art. XXXVI. Aucun atelier de salaison de sardines et autres poissons qui se renferment et se pressent dans des bariques ou barils, ne pourra être établi sans une déclaration préalable au bureau des douanes le plus prochain.

Art. XXXVII. Tout propriétaire des ateliers actuellement existans, sera tenu d'en faire la déclaration audit bureau.

Art. XXXVIII. Cette déclaration faite, il pourra lever aux marais salans, sous acquits-à-caution suffisamment garantis, le sel dont il présumera avoir besoin pour ses salaisons.

Art. XXXIX. A l'arrivée au bureau de destination, après vérification et soumission faite et cautionnée, il sera tenu de justifier de l'emploi du sel en salaisons, dans les proportions qui seront déterminées, ou de payer le droit de deux décimes par kilogramme; il lui sera permis d'entreposer ce sel dans son magasin particulier.

Art. XL. Tous ceux qui, sans déclaration préalable, emploieront du sel en salaisons de poissons, ou qui en auront en dépôt dans les lieux où se font lesdites salaisons, devront justifier qu'ils ont acquitté ou soumissionné le droit, et, à défaut de cette preuve, ils encourront la saisie et confiscation du sel et des salaisons trouvées chez eux, avec amende du double des droits fraudés.

Art. XLI. Les propriétaires ou locataires d'ateliers seront tenus de les ouvrir, ainsi que leurs magasins de sel, à toute réquisition des préposés des douanes,

afin qu'ils puissent reconnaître les quantités de salaisons faites et celles de sels non employés.

Art. XLII. Afin de prévenir les doubles emplois qui pourraient être faits de barriques ou de barils de poissons pressés ou anchoités, ils seront marqués aux deux bouts et sur le bouge.

Art. XLIII. S'il résulte de la vérification que la quantité de poisson pressé n'est pas proportionnée à la quantité de sel prétendu consommée, le saleur sera condamné à payer une amende de cent franc, et, en outre, le double des droits fraudés.

Art. XLIV. Si, à l'expiration de la saison où se fait la pêche, des sels restent en magasin, le propriétaire pourra les réserver pour l'année suivante, en fournissant une nouvelle soumission pour la quantité non employée.

Art. XLV. Ceux qui recevront dans leurs magasins ou ateliers, des sels dont les droits n'auraient pas été acquittés ou soumissionnés, seront condamnés à payer une amende de cent francs et le triple des droits fraudés; en cas de récidive, ceux qui auront été pris en contravention, outre les peines ci-dessus portées, seront privés de la franchise accordée pour les salaisons.

Art. XLVI. Les peines portées en l'article précédent seront prononcées contre ceux qui, pour masquer la fraude, supposeront des salaisons qu'ils n'ont pas faites, ou substitueront, dans des barriques ou barils, à des poissons pressés, toutes autres matières.

Art. XLVII. Tout propriétaire ou maître de chasse-marée ou chaloupe qui voudra faire salaison et commerce de sardines, merluches ou tout autre poisson qui se sale en mer et qui est destiné à être consommé en vert, devra se faire inscrire au bureau des douanes le plus prochain; le certificat de cette inscription lui sera délivré à ses frais, qui seront ceux du timbre seulement.

Art. XLVIII. Sur la représentation de ce certificat, par le maître, aux préposés des douanes établis près les marais salans ou entrepôts, il lui délivreront un permis pour lever le sel qu'il jugera lui être nécessaire, et qui ne pourra cependant excéder la quantité de cent cinquante kilogrammes, par tonneau de contenance de son embarcation, soumission préalablement faite de justifier de l'emploi de ce sel en salaison de poisson.

Art. XLIX. Lorsqu'après avoir pris son chargement de poisson et l'avoir salé, il abordera dans un port pour le vendre, il sera tenu, avant de commencer son déchargement, de fournir à la douane une déclaration de la quantité de poissons salés qu'il apporte, du sel neuf qui lui reste, et de représenter l'acquit à caution qui lui aura été délivré à son départ pour la pêche.

Art. L. Si, à son arrivée, il n'était pas porteur d'un acquit-à-caution, pour justifier que le sel qui a été employé à des salaisons, a été levé aux marais salans de France, et que les droits en ont été préalablement assurés, les salaisons et le sel qui se trouveront à son bord, seront confisqués avec amende de cent francs.

Art. LI. Il encourra les mêmes peines s'il est rencontré en mer par une embarcation des douanes, sans être muni d'expédition qui justifie l'origine du sel, et que les droits en ont été cautionnés.

Art. LII. Lorsque la déclaration prescrite par l'article 49, aura été faite, il lui sera délivré un permis de déchargement en présence des préposés qui vérifieront les quantités de poissons et de sels existantes.

Art. LIII. Si la quantité de poisson salé représentée n'était pas proportionnée à la quantité de sel consommé, il paiera une amende de cent francs, et en outre, le triple du droit dont le sel non représenté aurait été susceptible.

Art. LIV. Il encourra la même peine, s'il se trouvait à son bord du sel neuf dont il n'aurait pas fait la déclaration, et en outre, la confiscation du sel seulement. Dans l'un et l'autre cas, son bâtiment pourra être retenu pour sûreté de l'amende.

Art. LV. Si ayant du sel à son bord, il déclare ne point vouloir continuer la pêche, il pourra vendre son sel pour la consommation en acquittant les droits.

Art. LVI. Il sera accordé pour les salaisons ci-dessus désignées qui se feront, soit à terre, soit en mer, une quantité de sel proportionnée à celle des poissons salés qui seront représentés suivant l'espèce du poisson et l'usage constamment suivi dans les lieux où se feront lesdites salaisons.

Les dispositions du titre V, qui ont rapport aux sels inventoriés ne devant être que momentanées, on ne les indique point ici.

Produit net des droits de douane en 1791 et 1792, et des droits de douane et de navigation maritime depuis l'an 5.

	1791	16,476,875 fr.
	1792	12,622,141
An	5	15,317,934
	6	12,415,250
	7	9,532,370
	8	14,664,318
	9	18,886,055
	10	30.941,024
	11	36,924,900
	12	41,485,621
	13	52,725,918

FIN.